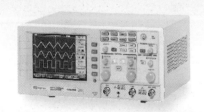

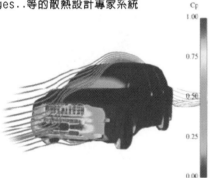
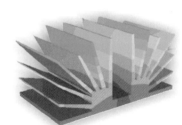
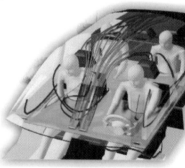

亞洲最強技術研發顧問服務

針對客戶不同需求，提供不同的解決方案

虎門科技是國內最早成立之 CAD/CAM/CAE 服務的自動化公司（工業局自動化服務登錄）亦是最具製造業整合自動化產品設計技術知識累積之公司，提供全方位的 CAD/CAM/CAE(Multi Physics 流力、固力、電磁等多重物理耦合分析與光學設計分析)。

ANSYS於PDA之應用-條碼掃描機
-熱應力模擬分析

ANSYS於DVD/CD ROM之應用
-DVD/CD ROM震動分析

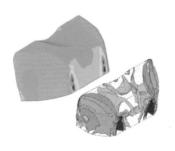

ANSYS於顯示器之應用
-電磁波模擬分析

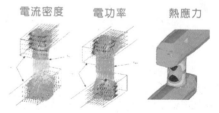

電流密度　　　電功率　　　熱應力

ANSYS應用於IC設計
-電功率(0.5微米結構IC分析)

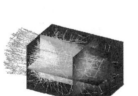

 ASAP

光學模擬分析專家系統
是用於各種光學系統定量分析的工業標準
(ASAP發展者為哈伯望遠鏡設計者之一)

ASAP-最權威的光學產品
設計分析系統

ANSYS®

處理機構設計各種物理性耦合分析：
結構應力、熱傳、熱應力、熱應變、
熱流、振動、碰撞、掉落、噪音、
高低頻電磁、IC封裝、微機電、醫工、
鈑金、光學、 複合材料、土木結構
等等的分析

台北(總公司)　台北縣三重市重新路五段635-2號10樓　　電話/02-29958040　傳真/02-29957792

新竹(分公司)　新竹市金山11街102號　　　　　　　　電話/03-563-2006　傳真/03-563-2019

台中(分公司)　台中市文心路三段447號30樓之2　　　　電話/04-22966080　傳真/04-22966071

CADMEN
Taiwan Auto-Design Co.

兩力兩度見商機

2004年中國大陸地區投資環境與風險調查

台灣區電機電子工業同業公會◆著

商周編輯顧問股份有限公司◆出版

2004年中國大陸地區投資環境與風險調查
成員名單

理事長：許勝雄

大陸經貿委員會主任委員：焦佑鈞

研究顧問：高孔廉

計畫主持人：呂鴻德

協同主持人：黃銘章

執行委員：葉國一、彭君平、王敏烈
　　　　　郭台強、鄭富雄、趙永全
　　　　　詹文男、石齊平、高　長
　　　　　張五岳、林震岩、林祖嘉
　　　　　陳麗瑛、陳昭義、黃志鵬
　　　　　顏萬進、傅棟成、瞿大文
　　　　　黃慶堂、呂榮海、李永然
　　　　　朱偉雄、史芳銘、袁明仁
　　　　　杜啓堯、曾文雄、周慶生
　　　　　羅懷家

研究人員：許家榮、高　萍、黃意倩

研究助理：洪千筑

建立產業發展環境 促進兩岸經貿穩定發展

　　中國大陸自1978年進行「對內改革、對外開放」之新經濟政策以來，由於土地廣袤且人力資源豐富，無論吸引外資或產業發展，均明顯成長。台灣自1988年開放探親，採行開放措施迄今，由於資源各具優勢，兩岸經貿發展快速，加上兩岸於2002年先後加入WTO，雙方產品市場，較過去更為開放，基於互補互利，兩岸經貿交流明顯增加。根據主管機關2003年統計，台灣出口到大陸共353.58億美元佔我出口總額之24.57％；另外，台灣廠商赴大陸投資，累計至2003年底共39,705件，總金額為343.08億美元，約佔同期我對外投資總額之47.0％，大陸地區已成為我最大出口及投資地區，其中電子及電器製造業約佔赴大陸投資總額之32.02％，電機電子產業為投資大陸最多之行業，相關零組件亦為兩岸貿易往來之主要項目。

　　雖然中國大陸投資環境近年來進步神速，並獲得本會會員及大多數台商肯定，但由於現階段，兩岸經貿交流架構尚未臻健全，經貿糾紛處理管道不夠通暢，例如：投資承諾兌現、融資匯兌、海關查稅、勞工聘免、工廠管理及人身財產安全等問題，時有所聞。本會為回應會員廠商要求並擴大服務廠商，自2000年起，即針對大陸投資台商進行大陸地區投資環境與經貿糾紛調查，連續五年，將大陸各地區投資環境及台商重視之投資風險，做一客觀且翔實的評估，深獲海內外投資者重視，不僅為台灣廠商及國際投資者得以掌握大陸投資環境之根據，北京當局與大陸各地政府更據以衡量及改善投資環境，爭取招商績效，俾利台商大陸投資之參考。

　　本年度「2004年中國大地區投資環境與風險調查」，係由本會大陸經貿委員會再度委請中原大學企管研究所呂鴻德教授主持，靜宜大學企管系黃銘章副教授協同主持，並敦請前蒙藏委員會主委高孔廉教授擔任研究顧問，及眾多熟悉大陸投資之學者專家共同研商，在此予以感謝。希望透過這項研究，能提供更為翔實的投資環境最新資訊，供廠商作為投資決策之參考；同時希望與大陸各地方共同提昇投資環境，有效促進兩岸經貿發展，俾利兩岸關係穩定、持續與發展。今年，我們仍繼續委請商業周刊合作出版，將本項成果與社會大眾分享，尚請各界先進不吝指正，並衷心期望這項服務，能夠獲得廠商滿意與認同。

台灣區電機電子工業同業公會理事長

〈推薦序〉

以兩力兩度開拓新商機

　　台灣區電機電子工業同業公會為服務全體會員，並為「立足台灣，佈局全球」的台灣產業先進，提供最新穎、最完整的投資資訊；自2000年起，針對大陸地區的投資環境與投資風險，進行有系統的專案調查。除邀請專業學者組成研究團隊，精心規劃以兩力兩度（「競爭力」、「環境力」及「推薦度」、「風險度」）為分析主軸的各項作業過程，逐一推行外；並延聘三十餘位專家學者及業界先進，審慎評審補強相關之經濟議題。經由共同的努力，以及眾多已赴大陸各地投資的台商先進熱忱支持，本調查報告確已獲得海內外及兩岸間，有關機構及廠商的重視與肯定，對參與本研究之所有人員，在此特別要表達感謝之意。

　　今年，我們再度邀請中原大學企管研究所呂鴻德教授擔任計畫主持人，並請具有國際企業管理專長的靜宜大學企管系黃銘章教授協同主持，同時敦聘前蒙藏委員會主任委員高孔廉教授擔任研究顧問。延續近四年的研究成果，我們除了將五年來的統計資料作一完整的分析比較，讓讀者對大陸各地區與各城市間的發展趨勢有一個更明確的認識，有關大陸當前推動的「宏觀調控」政策以及各地發生過的投資糾紛案例，也都有深入的專章研析，期盼這本報告，能帶給所有投資者及相關機構一項最具參考價值的投資資訊！

台灣區電機電子工業同業公會副理事長

兼大陸經貿委員會主任委員

焦佑鈞

爭取台商權益，促進兩岸經貿交流及和平發展

　　自從政府於1987年准許民眾赴大陸探親，採取一系列經貿開放措施以來，民間對大陸投資金額持續擴大，依照官方的資料，自1991年政府准許民眾間接投資大陸迄今共31,171件，投資金額為343.1億美元，但是據非正式的統計，台灣對大陸總投資額已經超過500億美元，大陸(包括香港)已成為我最大貿易對手及投資地區，因此降低台商的投資風險已成為相當重要的課題，以期在兩岸持續擴大之經貿交流與合作中，台商的權益獲得保障，台灣與大陸均獲得出口擴張、所得增加、產業升級及經濟成長之雙贏互惠好處，並為近期兩岸關係穩定發展之基礎。

　　中國大陸自1979年實施「經濟改革與對外開放」政策以來，經濟體制由計畫經濟逐漸轉為市場經濟，由於生產資源與生產力大幅釋放，所達成的經濟成就頗為可觀，大陸生產環境與潛在市場更吸引國際投資者的注目。但因其市場經濟體制未臻完備，政治及社會情勢亦欠穩定，兼以各地法令寬嚴不一，以致台商在大陸的投資、貿易、經營管理、海關、外匯、金融、勞工、稅務、智慧產權以及人身財產安全的糾紛與問題，時有所聞，充分顯示前往中國大陸投資仍有相當風險。

　　台灣會員規模與產值最大的台灣區電機電子工業同業公會，自2000年起連續五年以自有經費，委請學驗俱豐之學者專家就大陸地區投資環境與風險評估進行調查研究，並將大陸各地區投資環境及風險情形進行客觀與持續比較，且將糾紛處理結果對外公布。此一調查研究，不但海內外廠商及投資機構利用率頗高，甚至引起中國大陸當局及地方政府的重視。金平對於許勝雄理事長領導的台灣區電機電子工業同業公會，致力於台商權益保障及促進兩岸經貿交流與合作之用心與努力，給予高度的肯定，相信定有助於兩岸關係之穩定與持續和平發展，因此樂意為序推薦，請企業界參考利用，以降低投資佈局大陸之風險，開拓更廣大的商機。

立法院院長

王金平

〈推薦序〉

佈局全球深耕中國的葵花寶典

中國大陸自1979年採行改革開放政策以來，憑藉著其廣大的土地、廉價的勞動力、豐富的自然資源，吸引了大量的外資投入，成為「世界的工廠」。2001年底大陸加入WTO，服務業及內銷市場將逐年開放，將使其進一步成為「世界市場」，對全球及東亞經濟均有一定程度的影響，並使得政治立場對立之台灣，不論在對外投資或全球貿易方面，都面臨邊緣化的威脅。從全球化競爭的觀點來看，大陸在全球貿易地位的提升，自然也使得全球企業以大陸市場作為全球競爭的主要戰場，台灣也不能自外這個充滿無限風險與無窮商機的戰場。

1996年以前，台商赴中國大陸投資以勞力密集型下游加工業、產品技術層次不高的行業為主，電子業所佔比重一向未超過20%。但是1996年以後，台灣對大陸的投資不只是中大型企業愈來愈多，且逐漸由勞力密集轉型為資本與技術密集的產業，不僅投資件數與金額大型化，而且投資方式也在兩岸入世後由間接投資朝向直接投資。此外，投資分佈也由沿海重點城市轉向內陸二、三線城市。這種「投資帶動貿易的效果」，尤其表現在資訊電子產業大陸投資活動中。台灣電子產業大陸投資所形成的群聚效應，不但提升了資訊電子業及ＩＣ產業的國際競爭力，而且帶動兩岸產業上下游分工，使得台灣液晶裝置及光學儀器等相關零組件對大陸出口快速成長。根據資料顯示，中國大陸已是台灣第一大出口地、最大順差來源國及對外投資地區。來自大陸的順差，不但使台灣於國際經濟景氣頹勢中猶能維持基本局面，且近兩年對台灣經濟成長的貢獻度，超過了來自全國的總內需，足見兩岸間經濟整合的市場力量，已超越政府阻卻的能力，成為支撐台灣經濟的重要動力。

兩岸經濟情勢的演進之下，台灣已不可能再繼續依賴代工組裝之製造業來發展經濟，必須要重新定位台灣在價值鏈上的位置、更加重視研發及創新活動、發展台灣成為全球運籌中心、促進與大陸之分工、積極加入區域貿易組織；同時台灣也需要大陸作為生產基地，依「比較利益」的原則，善用大陸的生產條件，將企業不同功能作業移至大陸，作為台灣產業佈局全球的一環，無疑地將是維繫台灣企業永續發展及提升國際競爭力利基。

台灣區電機電子工業同業公會從2000年開始自費執行之「中國大陸地區投資環境與風險調查」，連續五年有系統地對大陸地區整體政經環境進行比較分析，完整

並架構性地解析大陸各經濟區塊及城市的投資環境與投資風險，已漸漸型塑出一套具有公信力且為台商經略大陸必備之「中國大陸地區投資環境與風險白皮書」。值此報告發表之際，本人除對電電公會服務產業的精神表達感佩外，也要對參與此一計畫之學者專家表示推崇，爰略陳數語俾向國人推介。

立法院副院長

江丙坤

〈推薦序〉

資訊完整前瞻　台商投資指南

　　在全球化浪潮的席捲下，大陸由於擁有充沛的人力、相對低廉的土地成本，以及廣大的市場，在過去幾年以驚人的速度吸引各國企業前往投資。台商為進行國際分工、更貼近市場，以及降低生產成本，近年來持續赴大陸設廠生產，累計自1991年至2003年，台商在大陸投資佔我整體對外投資比重近五成，大陸已成為我廠商對外投資金額最大的地區。

　　無可諱言，隱藏在大陸投資背後的不確定因素與風險已層出不窮的發生。除近來的缺電、宏觀調控等不利經營因素外，大陸在長期經濟發展的過程中，亦正面臨社會貧富差距擴大、治安與失業問題惡化、金融體制不健全、能源短缺、生態破壞、經濟結構失衡及人民幣幣值受到政策干預等長短期問題，以及SARS與禽流感等傳染性病毒之威脅，加以目前大陸對我仍存有政治敵意，時有刁難或警告台商政治立場之情事傳言，在在提升台商赴大陸投資之風險，更讓我們體認全球資源重新佈局的重要性。目前政府秉持著「台灣優先、全球佈局、互惠雙贏、風險管理」四大原則調整兩岸經貿政策，而台商在投資大陸前，亦有必要深入瞭解與分析大陸各地相關基礎建設與投資、經營、法制環境之優劣，以評估各地投資環境之競爭力，降低投資之風險。

　　台灣區電機電子工業同業公會自2000年起，即委託專家學者針對大陸地區之社會文化、科技、經濟及政治環境等層面，以結構問卷、次級資料分析及台商個案訪談三種研究方法，進行科學性、系統性之比較分析。由於報告內容公正客觀、可信度高，深受各界肯定與重視，不僅是台商投資大陸寶貴經驗的累積，亦將成為赴大陸投資的投資指南。今年度之「2004年中國大陸地區投資環境與風險調查」報告，除承襲往年的調查，將大陸各地區的投資環境與其風險詳列分析評比，並藉由實際發生糾紛的個案解說，教導台商作戰策略外，更加入大陸宏觀調控政策影響分析、大陸投資不可忽視之十大問題等經貿時勢焦點議題，增加了報告的可看性。對於赴大陸投資的廠商而言，在大陸資訊相對封閉的情況下，此份報告的出版必將有助於企業在規劃大陸投資時，作好風險控管，趨吉避凶，更期盼本書的出版能發揮「燈塔效應」，爰樂於推薦給關心兩岸經貿的產官學研各界人士參考。

經濟部部長

西進大陸必備的投資工具書

　　首先感謝電電公會再次委託中原大學呂鴻德教授及本人進行大陸投資環境評估的調查研究，前年（2002年）的調查，本人即忝任研究案的顧問，今年又再次擔綱，在上次的研究基礎上，進行更周延深入分析研究。

　　中國大陸2002年起即超越美國成為世界上吸引外資（Foreign Direct Investment, 簡稱FDI）最多的國家，2002年為527億美金，2003年又再增為535億美金，可以說是世界外資的超級吸塵機。其主要原因有二，一是2001年美國遭受911恐怖攻擊，對於外資造成心理影響，二是中國大陸於2001年底加入世界貿易組織（World Trade Organization, 簡稱WTO），經貿政策走向更為國際化與自由化，並且開放對內市場，特別是服務業的開放，造成外資搶進中國大陸。

　　就台商而言，為了競爭生存的需要，即使面對兩岸關係對立僵局及2003年2004年1至6月而言，經濟部投審會通過的對大陸投資金額仍增加近70%。投資大陸雖有機會，但風險卻不小，具體來說，總體層面的風險包括：1. 政治及行政干預經濟，例如，2004年4月底的宏觀調控。2. 逾期放款嚴重，以致借款融資不易。3. 人民幣升值壓力始終存在，增加經營不確定性。4. 民族意識型態作祟，商務爭端與貿易大戰一觸即發。5. 兩岸關係緊張，緊縮兩岸交流，透過媒體放話，提出經濟制裁，甚至制裁綠色台商及藝人。

　　此外，個體企業經營的風險有：1. 基礎設施，包括水、電及交通、電訊設施在某些地方仍嫌不足。2. 優惠稅制取消，查稅日趨嚴厲，台商相對於大陸企業而言，處於較為不利地位。3. 過度投資，供給過剩，導致產品價格下跌現象。4. 開放進口，競爭加劇，台商面臨微利時代。5. 企業所得稅及間接稅稅率偏高，台商面臨不公平對待。

　　本研究發現，無論是客觀的資料或主觀的意見調查，台商最愛的仍是長江三角洲，包括上海、蘇州、杭州，但其它地區也有擠入極力推薦的城市，包括西部的成都、東北的大連、山東的青島以及今年擠入的江西南昌。細看這些都市，共同的特色是地方有優惠措施、當地的行政效率高、基礎建設充足、加上法制及治安良好，這些都是台商投資最關心的事項，也是各地方政府招商努力的指標。而暫不推薦的城市，似乎是治安、法制較差的城市，集中在廣東，尤其是台商密集的東莞市，但

江蘇的泰州竟亦在列,值得當地政府警惕。

此調查研究最困難的是問卷回收,電電公會不僅資助本研究,而且協助催收問卷,共計回收問卷2,364份,比前年的1,674份高出許多,貢獻良多,深感敬佩,也值得政府表揚,甚至也可利用這些資訊進行決策參考,例如,主管機關在辦理赴大陸投資台商的補登記時,本人認為,對台商補登記一方面應提供誘因,另一方面亦應課以責任;前者如給予邀訪大陸人士的資格或准予大陸幹部來台受訓參觀;後者如應定期填報經營相關資料。經濟部投審會雖然在此已有作為,但仍有改善的空間。此外,應告知大眾,才會讓各界覺得登記有價值,否則「為登記而登記」,就無太大意義了。

總之,本調查報告對台商深具參考價值,對大陸各地政府也有鞭策作用,希望電電公會能持之以恆,而台商朋友也能提供高見,使本報告更為周詳完善,成為赴大陸投資參考的工具書。

本計畫研究顧問

建構評估兩岸競爭力的TEEMA模式

　　壓力是成長的開始，屈膝是跳躍的前兆，改革開放二十五載的中國大陸，以其「磁吸效應」、「海棉哲學」成為全球投資聚光燈的焦點。然而，「木桶理論」與「鏈條原則」的警示，亦提醒全球跨國企業在凝視中國大陸投資機會之際，勿忘其潛藏的成長與風險，所謂：「木桶盛水的高度，取決於最短的一塊木板」、「鏈條的強度，端視其最脆弱的一環」。

　　由於中國大陸近十年來持續高度的成長，在掌聲中，忽略了基本動作的重要，以致於：交通基礎建設無法與汽車的成長量相稱；水電的供給趕不上工業的發展需求；生態保護的規章制度完備不了過去開發導致的破壞，此一風險在2004年中國大陸投資環境與風險調查顯現無疑。4月份，中國大陸的「溫氏效應」由行政與金融的雙軌措施，為中國大陸過熱的經濟與無序的競爭給予降溫與規範，然而，此次的宏觀調控若能發揮「軟著陸」的效果，則對台商與全球企業而言中國大陸又將是成長可期的佈局之地，所謂「壓力是成長的開始，屈膝是跳躍的前兆」。

　　後學很榮幸能於2002年與2004年兩次承電電公會之託付，進行此艱鉅之工程，過程雖然周折，但是能為台商燃起明燈；能給大陸內地投資政策惕勵；能為全球企業投資中國大陸引鑒，內心是一種無上的榮耀，在賡續五年的調查，本次特將於文章中著墨五年來的變化與比較，讓讀者由縱貫面的觀點透視中大陸的機會與風險，一項工程之完備絕非一己之力能為之，2004年的調查報告付梓之際，特別感謝電電公會許勝雄理事長領導的顧問諮詢委員會，在無數次的簡報過程中給予之齊正與建言；以及電電公會參與此調查之同仁，群策群力、以竟事功的團隊精神；還有以高孔廉教授為首的中原大學研究團隊及黃銘章教授指導的靜宜大學資料分析小組成員，在此一併致謝。

　　組織因策略企圖而偉大，於此2004年調查任務完成之際，以學術之宏願冀盼此研究能建構出屬於兩岸的TEEMA（電電公會英文縮寫）模式，與全球競爭力的IMD模式、WEF模式齊名，為兩岸的學術互動竭盡棉薄。

計畫主持人

呂鴻德

目錄

第一篇

總體篇

大陸吸引外資投入日增，

如何剖析大陸市場發展前景，

自是刻不容緩的工作……。

1. 研究背景與動機

2. 研究目的

研究背景與動機

　　台灣區電機電子工業同業公會為能夠提供赴大陸投資之台商，對大陸各地投資環境與風險評估有整合性、系統性資訊，乃於2000年起，執行「中國大陸地區投資環境與風險調查」，賡續前4年之調查基礎，2004年盼此研究報告有助於台商進入中國大陸市場策略抉擇之參鑒。

　　基於前述的研究背景，本研究計畫之動機有下列六端：

全球化浪潮之下中國大陸的經濟影響力不容忽視

　　中國大陸自1978年實施改革開放後，市場經濟迅速發展帶動了企業競爭的活力，而民間消費行為模式也日趨成熟，逐漸成了全世界投資的熱門焦點。依據聯合國發表的「2003年世界投資報告」中所述，中國大陸連續10年成為世界上外商直接投資最多的發展中國家，位居發展中國家引資的第1位。

　　根據經濟部投資審議委員會統計，自1991年開放間接赴中國大陸投資到2004年第一季底止，台商對中國大陸投資總核准件數加上補辦許可之新投資案件數達到31,705件，總核准金額達356億美元，達到總體累計對外投資總金額近五成，已位居台灣對外投資的首位。

　　基本上，台商對中國大陸的投資熱潮，除導因於台灣自1970年代中期以後所面臨的新台幣升值、勞動、土地、廠商成本及環保意識高漲等本身優勢下降的「推力」外，兩岸經貿關係之逐漸解凍、經濟資源與產業發展差距所提供的成本節約與市場拓展機會則是主要的「拉力」所在。因此，在全球化浪潮的趨勢下，對於具有強勢影響力的中國大陸，我們應以更謹慎、客觀的看法來面對。

　　有鑑於此，台灣區電機電子工業同業公會從2000年起，連續4年委託學者林震岩（2000）、林祖嘉（2001）、呂鴻德（2002）、陳麗瑛（2003）進行中國大陸地區投資環境與風險評估，提供投資者相關資訊，與減少所可能遭遇的問題與風險。為延續此縱貫面之研究，2004年繼續以此方向為重心，探究大陸重要地區之投資風險評估。

中國大陸吸引外資投入日增值得深入研究與剖析

截至2003年12月底，中國大陸累計批准設立外商投資企業465,277個，合同外資金額9,431.30億美元，實際使用外資金額5,014.71億美元。據聯合國貿發組織的數據，過去10年，中國大陸吸引的外資，佔全部發展中國家吸引外資數額的五分之一，中國大陸已經連續8年是吸引外資最多的發展中國家。外商在中國大陸投資的數額，已連續7年超過400億美元，近2年更是超過500億美元。如表1-1所示。

■表1-1　直接外資對中國大陸的貢獻

年度	實際外資金額（億美元）	外資佔固定產投資比例（%）	外資對工業資產值貢獻的比例（%）	外商佔中國出口比例（%）	外商佔全部稅收的比例（%）
1993	275.2	12.1	9.2	27.5	5.7
1994	337.8	17.1	11.3	28.7	8.5
1995	375.2	15.7	14.3	31.5	11.0
1996	417.3	15.1	15.1	40.1	11.9
1997	452.6	14.8	18.6	41.0	13.2
1998	403.2	13.2	24.0	44.1	14.4
1999	407.2	11.2	27.8	45.5	16.0
2000	468.8	10.3	22.5	47.9	17.5
2001	468.8	10.5	28.1	50.1	19.0
2002	527.4	10.1	33.4	52.2	20.5
2003	535.1	——	——	——	——

資料來源：中國大陸商務部（2003）

大陸投資環境與風險評估值得政府與業者重視

根據大陸迄今正式公布的入世承諾，於2002年1月1日起實行的條款，涉及銀行保險業、零售服務業、電信業、資產管理業、會計業、建築業和旅遊業。因此大陸加入WTO之後，將可能創造許多新的商機，固然值得台商密切注意。但在未來新的形勢下，台商更應注意市場競爭激化、國際保護主義風氣猶熾可能帶來的風險，必須要有周詳的可行性評估，同時也應更加重視掌握政策變動和經濟周期波動等商情，注意及預謀策略因應突發性國際經貿糾紛。

2004年香港連續第10年被列為全球最自由的經濟體，位於新加坡、紐西蘭和盧森堡之上。這項2004年經濟自由指數排行榜是由美國智囊機構「傳統基金會」做出的如表1-2所示。在161個國家當中，香港的經濟自由度名列榜首。台灣名列第34位、日本第38、韓國第47、中國大陸第126。

■表1-2 2004年經濟自由指數調查

國家／地區	香港	新加坡	台灣	中國大陸
排名	1	2	34	126
平均分數	1.34	1.61	2.43	3.64
1）貿易政策	1.00	1.00	2.00	5.00
2）財政負擔	1.90	2.60	3.30	4.40
3）政府對經濟干預	2.00	3.50	2.50	3.50
4）貨幣政策	1.00	1.00	1.00	1.00
5）外資流入	1.00	1.00	3.00	4.00
6）銀行	1.00	2.00	3.00	4.00
7）金融與物價	2.00	2.00	2.00	3.00
8）私有產權	1.00	1.00	2.00	4.00
9）規章制度	1.00	1.00	3.00	4.00
10）黑市活動	1.50	1.00	2.50	3.50

資料來源：美國傳統基金會（2004）

中國大陸宏觀調控端正投資風氣之效應值得深究與關切

廿世紀九〇年代初，中國大陸在經濟較快增長的過程中，出現了需求過熱、通貨膨脹和經濟秩序混亂現象。針對這種情況，中國大陸採取深化改革，加強和改善宏觀調控的措施成功地實現「軟著陸」，形成了高增長、低通膨的良好態勢。九〇年代中國大陸的平均投資率為35.0%，而2001年為38.2%，2002年為42.2%，照這樣的趨勢發展，2004年則可能超過50%，這樣的成長率足以讓世界各國瞠目結舌。

電子產業成為台商赴大陸投資重心並逐漸加深對中國大陸之依賴

兩岸都已正式成為WTO會員，除將使兩岸融入全球化的全球經濟體系，使兩岸產業更加受到全球化的深遠影響外，也將對兩岸產業分工帶來決定性的影響。台灣加入WTO所衍生之產業調整壓力，將促使台灣產業或因競爭力不足，或為擴大全球佈局等考量下，尋求赴大陸投資與區域分工，以降低成本或提升競爭力。加入WTO除了將使家電業、重電機工業、汽車及零組件、輪胎業、造紙業等相對受到負面影響之產業，尋求赴大陸投資之佈局外，即使是石化、鋼鐵、工業機械、電子資訊、消費性電子等衝擊較小的產業，未來勢必也將面對來自於大陸、東南亞及南韓的價格競爭壓力，進而必須強化兩岸之分工，以因應競爭。尤其是中國大陸在人力資源以及成本優勢上，比起美國、歐洲相對要低很多，尋求在大陸從事商品本地化的研究開發工作，以開發適應大陸內銷市場的產品，將成為趨勢。

值得注意的是，近幾年來，由於中國大陸採取了鼓勵高新技術產業投資的政策，來自發達國家跨國公司對大陸投資項目規模不斷擴大，資本含量明顯提高，高技術產業和在大陸設立地區總部和研發中心的投資項目也在大量增加。這對於大陸吸收外資的技術和產業結構升級具有重要作用。

就在中國大陸越來越重視產業以及技術升級的情形下，台灣電子電機產業對於大陸投資的比重也增大，詳見表1-3。

■表1-3　台商赴大陸投資行業別統計分析

單位：百萬美元

產業別	1991～2003年			2004年1月			累積		
	件數	金額	比重	件數	金額	比重	件數	金額	比重
電子及電器	5,578	10,999.9	32.06	42	206.0	41.04	5,620	11,205.9	32.19
化學品製造	2,698	2,962.7	8.64	15	53.7	10.69	2,713	3,016.3	8.67
基本金屬	1,938	2,349.8	6.85	9	39.1	7.79	1,947	2,388.9	6.86
塑膠製品	2,603	2,307.9	6.73	5	41.2	8.20	2,608	2,349.1	6.75
食品及飲料	2,433	1,844.3	5.38	5	1.2	0.23	2,438	1,845.5	5.30
紡織業	1,155	1,298.1	3.78	2	9.4	1.87	1,157	1,307.5	3.76
非金屬礦產	1,388	1,723.2	5.02	4	4.8	0.96	1,392	1,728.0	4.96
運輸工具	994	1,320.9	3.85	11	35.8	7.13	1,005	1,356.7	3.90
機械製造業	1,214	1,157.4	3.37	5	20.3	4.04	1,219	1,177.7	3.38
精密器械	2,887	1,894.3	5.52	9	8.3	1.65	2,896	1,902.6	5.47
農林及漁牧	528	205.2	0.60	1	0.1	0.01	529	205.2	0.59
服務業	1,628	1,163.6	3.39	36	11.6	2.31	1,664	1,175.2	3.38
其他產業	6,107	5,081.3	14.81	65	70.6	14.07	6,172	5,151.9	14.80
合　計	31,151	34,308.6	100.00	209	501.9	100.00	31,360	34,810.5	100.00

資料來源：經濟部投資審議委員會（2004）

中國大陸經濟快速發展六大隱憂陸續浮現亟待解決

2003年中國大陸經濟增長高達8.2％，生產總值將突破11兆人民幣。2004年雖然仍將持續發展，但面臨六項嚴峻挑戰：

（1）農民收入增長緩慢。

（2）部分行業和地區盲目投資和低水準擴張傾向有所加劇。

（3）資源約束矛盾日益突出。

（4）貨幣信貸投放偏快。

（5）就業壓力加大。

（6）經濟與社會發展不夠協調。

研究目的

架構性分析大陸各經濟區塊及城市的投資環境及投資風險

　　北京社會科學院發布大陸經濟2003年秋季報告，指出2003年大陸國民經濟成長速度將超過上年，GDP成長率將達到8.2％左右；而對於2004年經濟之預測指出，如果2004年國際經濟政治環境未發生重大的突發事件，且大陸內部未出現大範圍的嚴重自然災害或其它重大問題，則GDP成長率仍可以保持在8％左右的水準上，成長快速。北京、天津、上海、蘇州、大連、深圳各自形成區塊經濟，且各城市的地方保護主義相當的盛行，訂定一套與中央不同的單行規章，故投資區塊或城市的選擇，以及事前對各投資環境的評估，即是投資大陸的第一步。故本研究分析中國大陸各經濟區塊及城市的投資環境及投資風險，以期給各企業及有關單位參考。為配合台灣區電機電子工業同業公會於2004年繼續進行中國大陸地區投資環境與風險評估，提供投資者相關資訊，與減少所可能遭遇的問題與風險，本研究即主要是針對投資環境及投資風險進行研究，希望能為即將赴大陸投資以及正在大陸投資之企業提供環境評估報告，作為參考。

進行近五年對中國大陸地區投資環境與風險調查結果比較分析

　　截至2004年為止，台灣區電機電子工業同業公會計有委託林震岩（2000）、林祖嘉（2001）、呂鴻德（2002）、陳麗瑛（2003）以及本研究計畫，依相似之問卷，進行系統性的分析調查，因此本研究將依研究結果，整合出近5年大陸各地區之投資環境和風險評估，以瞭解各地區之變化，消長狀態，以為台商之參鑑。

舉辦大陸台商經貿糾紛座談會並彙整相關案例

　　為了能夠深入瞭解投資環境與投資風險的經貿糾紛案例，本研究舉辦一場大陸台商經貿糾紛座談會，從投資合同糾紛、貿易糾紛、智慧財產權糾紛、合資糾紛等分別從業者及大陸當局的角度深入剖析，並將台商所面對的糾紛案例依相關類別彙總20家的案例，以為兩岸經貿糾紛案例及解決改善之重要參鑑，此部分仍是延續本系列研究由2000到2003這4年間的經貿糾紛部分。

剖析中國大陸宏觀調控所產生的投資變化與台商的因應之道

中國大陸經濟降溫的做法主要是控制內部需求，期望穩定的經濟成長而不要擴張太快，避免內部發生通貨膨脹。因經濟成長太快使得大陸的建設也突飛猛進，因此在原材料方面上漲迅速，尤其房地產、水泥、鋼筋等，而大陸現在又有舉辦2008年北京奧運的壓力，所有的建設也都陸續的進行中，如此的抑制說不定也可以使得工程進展較順利。而此項措施如果處理的好，對未來台商能在穩定中成長，也是一件好事；但是總體經濟的發展，受到各方的影響因素很多，常常會牽動許多未知的影響，因此只要稍有閃失，就會引起連鎖反應，因此需要密切的注意其發展動向。

例如對於光資訊產業而言，光碟機、掃描器與數位相機的廠商目前都在大陸設廠生產製造，不過其主要的性質還是以製造生產為主，所製造的產品也大都以出口為導向，銷售到全球各地，以大陸內需市場的量還是少數，所以在目前大陸這樣的措施下，對這幾個產業的影響應該是有限的。

所以整體來講大陸對經濟降溫的措施，以光資訊產業的廠商來看影響是有限的，不至於產生重大的影響，所以對目前的狀況而言，台灣光資訊產業還是可以正常的發展，不過後續還需要觀察中國大陸還會不會有其它的措施。

建立TEEMA投資評估模式

跨國公司進行國際直接投資要考慮外部宏觀條件的影響，但更重要的是考慮企業自身利益、自身的生存和發展，換言之，投資者在進行對外投資時既受企業本身所特有的優勢（資金、技術、管理、規模經濟、市場銷售技能等）的影響，也受企業所處的客觀社會經濟環境（投資風險、自然資源稟賦、市場規模、經濟發展水平、產業結構、技術水平、勞動力成本、政府政策等）的制約，導致對外直接投資的動機錯綜複雜。

台商赴大陸投資，固然有地緣之利及語言之便，然而卻斷不能將大陸視為一對內市場，更不能將既定之思維邏輯套用在大陸之投資決策上，而忽略了在不同歷史、文化、制度與法令之背景下所隱伏之危機，特別是大陸現已加入WTO並且紛紛與各經濟區域簽定特別的貿易協定，這些做法帶來了開放的承諾，卻也將引起社會與經濟巨大之變動。因此大陸投資環境與風險之評估的重要性對於未來有意進入之台商而言，成為一個不容忽視的環節。

在這樣的思維之下，隨著五〇年代多國籍企業的興起，而近年來全球化的浪潮，直接衝擊的是海外直接投資全球經濟舞台所扮演的角色及功能的日益重要，隨

著此現象的出現，各種評比投資環境的機構也紛紛成立，成為企業面對未知海外投資環境時的最佳幫手。

　　根據投資評估模式的「兩力兩度」評估模式，分別為（1）競爭力評估、（2）環境力評估、（3）風險度評估、（4）推薦度評估，茲整理如圖2-1。

___

■圖2-1　TEEMA投資評估模式結構圖

資料來源：本研究整理
附　　註：「台灣區電機電子工業同業公會」；簡稱（TEEMA；Taiwan Electrical and Electronic Manufacturers' Association）從2000年到2004年對大陸地區投資環境與風險評估，所彙總的TEEMA投資評估模式。

第二篇

現況與宏觀篇

大陸當局針對投資過熱的現象，

展開兩次的宏觀調控，其影響與戰果如何，

您絕不能不知道……。

台商在大陸投資現況

　　近年來由於整個大環境的改變，使台灣和大陸在彼此經貿關係上受到不同層面的影響，因此台商赴大陸的投資型態也隨之變化。例如在2001年底與2002年初，大陸和台灣分別加入世界貿易組織（World Trade Organization；WTO），對台灣而言，可在中國大陸獲得更公平的待遇，使台灣企業在大陸市場上更有發揮空間；而大陸也充分展現其廣大市場魅力，加速資金的磁吸效應，使經濟成長及更加現代化。

　　綜觀台商近幾年在大陸的投資發展趨勢，本研究發現其中有變化的為以下幾點（如圖3-1所示）：

■圖3-1　台商在大陸投資的十二大變遷

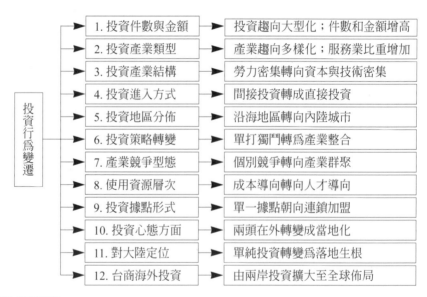

投資行為變遷	1. 投資件數與金額	投資趨向大型化；件數和金額增高
	2. 投資產業類型	產業趨向多樣化；服務業比重增加
	3. 投資產業結構	勞力密集轉向資本與技術密集
	4. 投資進入方式	間接投資轉成直接投資
	5. 投資地區分佈	沿海地區轉向內陸城市
	6. 投資策略轉變	單打獨鬥轉為產業整合
	7. 產業競爭型態	個別競爭轉向產業群聚
	8. 使用資源層次	成本導向轉向人才導向
	9. 投資據點形式	單一據點朝向連鎖加盟
	10. 投資心態方面	兩頭在外轉變成當地化
	11. 對大陸定位	單純投資轉變為落地生根
	12. 台商海外投資	由兩岸投資擴大至全球佈局

資料來源：本研究整理

投資件數與金額趨向大型化

　　依據經濟部投資審議委員會的統計顯示如表3-1，從1991年至2003年止，核准赴大陸投資的件數是愈來愈多，且金額也愈來愈大，顯示台灣企業認為大陸是值得

■表3-1　對中國大陸投資核准件數及金額統計表

單位：百萬美元，%

年份	經濟部核准				大陸對外宣布資料		
	數量（件）（個）	金額（億美元）	平均投資規模（萬美元）	佔我對外總投資比重(%)	項目數（個）	協議金額（億美元）	實際金額（億美元）
1991	237	1.74	73.48	9.52	3,884	35.37	11.05
1992	264	2.47	93.56	21.78	6,430	55.43	10.5
1993	新申請 1,262	11.4	90.33	40.71	10,948	99.65	31.39
	補辦 8,067	20.28	—	—	—	—	—
1994	934	9.62	103.02	37.31	6,247	53.95	33.91
1995	490	10.93	223	44.61	4,778	57.77	31.62
1996	383	12.29	320.95	36.21	3,184	51.41	34.75
1997	新申請 728	16.15	221.78	35.82	3,014	28.14	32.89
	補辦 7,997	27.2	—	—	—	—	—
1998	新申請 641	15.19	236.97	31.55	2,970	29.82	29.15
	補辦 643	5.15	—	—	—	—	—
1999	488	12.53	256.72	27.71	2,499	33.74	25.99
2000	840	26.07	310.36	33.93	3,108	40.42	22.96
2001	1,186	27.84	234.74	38.8	4,214	69.14	29.79
2002	新申請 1,490	38.59	258.99	53.38	4,853	67.41	39.71
	補辦 3,950	28.64	72.51	—	—	—	—
2003	新申請 1,837	45.95	250.08	53.66	4,495	86.00	34.00
	補辦 8,268	31.04	37.54	—	—	—	—

資料來源：經濟部投資審議委員會（2003）

投資的地區且抱持樂觀看法，而金額的增高意謂著台灣較中、大型企業也積極在大陸佈局。

投資產業類型趨向多樣化

　　台商早期赴大陸投資多以傳統製造業為主，例如成衣業、紡織業、塑膠業等，但隨著大陸市場的開放，且在國際化和自由化的環境下，服務業進軍大陸的比例是逐年升高。

　　1990年代以來隨著台商在大陸投資多樣化的發展趨勢與大陸服務業的發展，服務業的投資比重由1995年以前的5.26%，提高至1995-1999年間的7.96%，到了2000-2003年2月底止更上升至8.23%，詳細數據如表3-2。

產業結構由勞力密集轉向資本與技術密集

　　1996年以前，台商赴大陸以勞力密集型下游加工業、產品技術層次不高的行業

■表3-2　台商企業在中國大陸投資服務業結構分析

金額單位：百萬美元

	迄1994年底		1995-1999年		2000-2003年2月底	
	金額	%	金額	%	金額	%
總投資金額	4,551.77	100.00	9,943.67	100.00	14,675.57	100.00
建築營造業	13.33	0.29	17.72	0.18	50.78	0.35
批發零售業	54.63	1.20	220.64	2.22	271.66	1.85
國際貿易業	37.47	0.82	94.71	0.95	102.30	0.70
餐飲業	20.40	0.45	60.88	0.61	9.68	0.07
運輸業	20.48	0.45	36.84	0.37	68.34	0.47
倉儲業	2.65	0.06	43.70	0.44	29.72	0.20
金融保險業	2.44	0.05	41.60	0.42	26.10	0.18
一般服務業	88.29	1.94	275.14	2.77	646.91	4.41
服務業合計	239.69	5.26	791.23	7.96	1205.49	8.23

資料來源：投資中國（2004）

■圖3-2　台商在大陸投資的趨勢變化

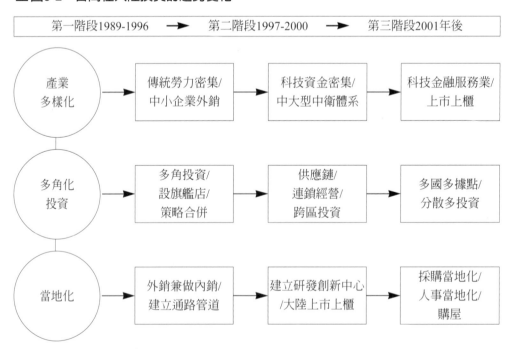

資料來源：本研究整理

為主，電子業所佔比重一向未超過20%。但1996年以後，大陸投資不只是中大型企業愈來愈多，且已逐漸由勞力密集轉向資本及技術較密集的產業。

　　至2002年，前五大投資產業為電子及電器產品製造業（佔39.0%）、基本金屬及金屬製品製造業（9.4%）、化學品製造業（7.1%）、精密器械製造業（6.5%）及塑膠製品製造業（5.9%），合計佔年總投資額的67.9%。

　　以圖3-2表示可以發現，台商投資的第一階段主要為傳統的勞力密集產業，例如成衣業、紡織業、製鞋業、自行車、塑膠業等，且廠商是主要從事外銷的中小企業，集中在華南沿海。第二階段則以科技與資金密集產業為主，主要是中大型、上中下游及中心衛星體系廠商，其中以1997年後到大陸的資訊電子通訊為代表。第三階段則是大陸入世後的新貴，主要為上市上櫃的資訊半導體、金融保險證券業、工商服務、旅遊、物流及公共建設業。

　　若以目前台商在大陸投資額最高的電子業來看，更足以驗證上述的產業結構變化。電子業的策略佈局可分為以下三階段：第一波（九〇年代初期）是屬於勞力密集之中小企業赴大陸投資，尋求產業第二春的發展。第二波（九〇年代中後期）是電子資訊週邊產業技術層次較低的資訊產業，利用大陸廉價資源，以出口行銷為目的而西進大陸之中大型企業。第三波（2000年以來）為大型上市公司為主，以降低成本並兼具大陸市場開發之技術/資本密集廠商。

兩岸入世後由間接投資朝向直接投資

　　加入WTO後，台灣允許台商對大陸直接貿易與投資，並開放金融保險業赴大陸設辦事處，放寬台商投資金額的限制，減少禁止類項目，例如首先允許8吋晶圓廠赴中國大陸投資、開放公營事業和大陸國有企業合作煉油等，顯示台灣與大陸的經貿往來已逐漸多元化、正常化。

逐漸由沿海重點城市轉向內陸二、三線城市

　　過去台商在大陸投資的地區以福建、廣東兩省和上海等交通便利及開放程度較高的地區為主，但由於中國大陸的政策改變，使開放地區的幅度和範圍不斷擴大，因此引發台商的投資動機，投資地區一直往大陸內地、華北、東北地區靠近。不過沿海城市和其它地區由於環境不相同，吸引台商的類型也有差異，在沿海地區主要以出口型、資本密集和高科技的產業為主；在位於內陸地區主要以勞力密集產業為主，因為相對於大陸其它地方而言，有較低的員工工資、勞工供應充足、生活物價

水準低，因此會受到傳統型企業的青睞。

由單打獨鬥轉為產業整合及策略聯盟

隨著大陸市場魅力和潛力不斷擴大，各方都競相投入資源，使競爭日趨激烈。在此環境下，台商多採取聯盟、共同投資以鞏固在大陸市場的地位，例如建立物流通路、品牌，此外也拓展營運範圍，將企業觸角跨足不同產業領域，像有的企業過去以OEM/ODM營運的，而現在在大陸自創品牌，目的就是希望能在大陸地區建立起穩固位置。

競爭型態由個別競爭轉為產業群聚及中心衛星體系

早期最先出走大陸的是中小企業和傳統工業等勞力密集產業，隨著大陸經濟發展、政策開放、兩岸入世，更讓台灣半導體、金融、保險、服務、物流等產業也移往大陸。今日，除少數公營事業和公共建設業外，幾乎所有台商都以中心衛星體系型態至大陸發展，近期投資以華東地區的昆山、蘇州、無錫與寧波為主，展現出相當完整的群聚部落。

以目前在大陸產業群聚效應最明顯的半導體業，主要集中在長江三角洲、京津環渤海、珠江三角洲，整個大陸半導體產業銷貨收入的95%以上就被此三個地區所佔據。其中，包含上海、江蘇、浙江的長江三角洲就含括約64%，且中國大陸有55%積體電路製造、80%封裝測試、近50%IC設計也都集中在此區，充分顯示長江三角洲已包含研究開發、設計、製造、封裝測試，形成完整的積體電路產業鏈。

運用大陸資源由成本導向轉移至人才導向

台商早期是利用大陸充沛且便宜的土地和人力，以降低成本，追求競爭優勢。但隨著外商及大陸廠商的加入，使台商必須降價競爭，而且要求投入的資金、管理和技術需求也愈來愈多，因此台商也慢慢調整思維和作法，例如大陸幹部必須是前五大重點大學畢業的學生等，目的都是希望能創造更高的附加價值。

據點由單一地點轉成連鎖事業

近幾年台商發現，連鎖事業在注重人際關係的中國大陸社會裡有相當大的發揮潛力，因此配合中國人喜歡創業當老闆的心理，台商積極在大陸發展連鎖事業，像餐飲業、資訊軟體業、通訊服務業等。

投資心態由兩頭在外轉變成當地化和本土化

台商擴大大陸的經營編制，設立大陸營運總部，以統籌當地的資源資金運用、在當地研發設計、有的企業規劃在大陸上市成為當地本土公司，這些許許多多做法都是為了要永續經營。根據政治大學國際關係研究中心所做的研究發現，台商在大陸本土化趨勢已十分明顯。其中值得關注的是，過去台商在大陸以生產製造為主，而台灣從事管理運籌、行銷與產品開發；但最近則轉成研發、生產、行銷並重的經營模式，大陸的高科技人才均達到質與量的相當水準。

由單純投資導向逐漸轉成落地生根

隨著大陸環境改善，且市場潛力無窮的情況下，大陸的營運比重愈來愈高，許多台商都已將台灣營運單位整個移至大陸，因此不但帶著妻小一起到大陸奮鬥，很多人都在當地購屋定居，甚至第三代也到大陸求學，因此華南、華東地區才會設立許多台商子弟學校，以符合需求。這些都是說明許多台商已在大陸落地生根。

從「根留台灣，枝連兩岸」轉成「花開亞太，果滿世界」的國際化經營

過去台商海外投資只會想到中國大陸，但隨著企業規模愈來愈大，經過金融風暴、911恐怖攻擊、SARS危機，台商深知單有中國大陸生產據點和腹地是不夠的。因此台商也在世界各地深耕、廣設產銷據點、計畫回台上市上櫃、或美國或東南亞掛牌，逐漸實現國際化的經營佈局。

綜合以上各點，我們發現台商從申請赴大陸的產業類別與結構、投資方式、投資區位選擇、之後在大陸的經營模式、最後將格局擴大至全世界，其中都有微妙變化。

4 台商在中國大陸面臨的投資風險

目前大陸正處於社會快速轉型階段，台商身處其中，所面臨到的投資風險比過去更複雜多變，因此台商企業如何克服多樣難題，是值得要審慎思考的。根據2003年第四季投資中國雜誌舉辦的論壇中，各專家學者提出的台商投資中國大陸所面臨到的風險，基本上可分為四個角度來觀察，茲如表4-1所示。

■表4-1　大陸台商面臨的十大投資風險

風險類型	風險因素
一、市場競爭面	1、競爭風險：大陸民營企業的威脅 2、WTO的開放風險
二、資金財務面	3、財務管理風險 4、誠信風險
三、人身安全面	5、大陸台商的人身安全風險
四、經營營運面	6、經營風險：海關、外匯核銷、人事管理 7、內銷市場風險 8、外銷市場風險 9、稅務風險 10、法律風險

資料來源：本研究整理

競爭風險

台商在大陸雖然面臨到許多競爭風險，但真正競爭對手將是不斷壯大的大陸民營企業。而民營企業之所以成為台商的主要競爭者，有二個原因如下：第一是台商雇用大陸當地人才的比例不斷增加，因此培養許多專業人才，而這些人才有的被民營企業挖角、有的自行創業，無形中都是提升民營企業在整體管理能力與產品品質上的競爭力。第二是由於現在網路科技的普及，且大陸不斷與國際接軌，使民營企業的開放度擴大，利用資訊科技就可以直接與國外企業聯絡，因此使民營企業也有機會在國際市場上與台商競爭。

面對大陸民營企業所帶來的競爭威脅，台商因應之道：第一為積極採取進攻策略，與民營企業競爭。第二是進行企業轉型。第三是進行企業升級。

WTO的開放風險

　　大陸自2001年12月加入世界貿易組織（WTO）迄今（2004）已滿2年，近2年來大陸按照WTO的規定及規則和入世承諾，針對其政策法規、管理體制、宏觀調控機制進行大幅調整與改革，以致管理機制與總體經濟環境發生轉變。因此，使台商目前在大陸又加入一個新的投資風險課題。

　　以下表4-2為整理台商在WTO後，所面臨到的一些新的投資風險。

■表4-2　WTO後台商面臨的新投資風險

新投資風險	說明
以非關稅障礙阻礙貿易進行	進口關稅雖已經調降，但針對一些產品，大陸訂出其它規定，形成非關稅障礙。例如半導體的相關零組件與機器，均要求進口商需提出由大陸信息產業部核發之最終使用者證明文件。大陸以非關稅障礙，再加上要求提供非必要文件，程序繁瑣且耗時，影響貿易進行。
貨品市場開放的競爭壓力	大陸入世後，台商和外國廠商都處於平等地位，不再享受特別優惠等政策，因此在此情況下，台商面臨的競爭者不止台商同業、大陸企業，還包含世界各地的外國企業，因此台商在競爭力方面的提升日益重要。
反傾銷措施	大陸的反傾銷所調查的產品，會使台灣相關產品要輸往大陸造成影響，同時也影響使用相關進口原物料之台商的原料取得，使台商原料取得充滿不確定性。

資料來源：本研究整理

財務風險與信用風險

　　財務管理一向是台商在大陸投資發展所面臨的一大問題，台商在大陸的財務管理問題是以大陸法令與金融體制上的限制為主；其次是台商自行籌備資金的問題。

　　在市場經濟相對發達的國家，信用可以說是個體或企業在社會中的重要通行證，也是個體或企業的一項重要無形資源與資產。

　　目前中國大陸最缺乏的不是資金、人才、技術，而是誠信，以及建立完善信用體制的機制。自2001年來大陸的信用缺失問題一一浮現出來。在信用缺失情形下，台商在大陸投資經營的風險會增高，例如貨款回收不易、採購的原物料品質欠佳問題。

人身風險

　　比起市場面、財務面等所產生的投資風險，台商的人身安全風險會是讓台商及

其家屬最堪慮的。根據台灣海峽交流基金會所做的研究顯示，近10年來，台商在大陸遇險有呈現直線成長的趨勢，例如1994年合計有30件、1998年有64件、2002年有91件，到了2003年則爲107件。

經營風險

以下將台商在實務經營上所面臨到的經營風險，茲列表如下。從表4-3可以發現，培養人才難以留任已經成爲台商在培育人才方面的主要問題。

■表4-3　台商面臨的經營風險

經營風險	說明
海關	台商在大陸常遇到的問題，即常因爲作業程序上的問題，而使貨品卡在海關，影響工廠的正常運作。此外，大陸的轉廠作業速度慢也常是令台商頭痛的問題。
外匯核銷	台商常常會被外匯管理局的人員要求匯入一筆所欠的外匯，主要原因就是台商進出口合同及轉廠作業金額無法平衡，而台商又因爲缺乏經驗加上疏忽，因此需要支付此筆款項。
人才難以留任	由於台商對當地人才的需求逐漸增加，因此大陸幹部逐漸增加，在培養優秀的專業人才之前，台商所付出的培育成本、教育訓練成本都是很高，但台商常常培育後，專業人才也難以留任，使台商的人事風險提高。

資料來源：本研究整理

內銷市場風險與外銷市場風險

大部分台商經營內銷市場時，所面臨到的問題是以價格戰、收款困難爲主要問題，其次才是人才管理、人才跳槽等。台商任用當地人才比例升高已經是一個趨勢，但許多台商也擔心，當地人員或幹部學成後，就跳槽至競爭者或自行創業，但在環境驅使下，又不能不實行本土化，因此台商如何掌握自己的競爭優勢與核心專業，是值得花費心力建構的。

另外，近年來由於大陸經濟發展，出口總額與出口產品不斷增多，再加上大陸的入世，國際市場開放，這些都擴大了大陸的出口，但卻也帶來負面效果，其中以「量增價減」現象最明顯。大陸的廉價生產成本優勢，反映在國際市場上是「產品出口量增加，但價格卻下跌」，這樣的現象會壓縮出口型台商的獲利空間。例如2002年1-8月醫藥出口數量增加16.5%，但金額只增加12.8%，手持或車載無線電話出口量爲增幅49.3%，但金額只增加22.8%，遠不及出口量的一半。

稅務風險

　　長期以來，台商在大陸最常遇到的稅務問題是「大陸稅捐機關認定稅率不合理」，其它依序為「出口退稅積壓資金」、「免抵退政策操作困難」、「租稅減免到期，企業所得稅負擔重」。其中對於「大陸稅捐機關認定稅率不合理」，許多台商在大陸設辦事處，並沒有實際營業行為，但大陸當局仍課以所得稅。而「出口退稅積壓資金」的問題也是令台商頭疼，例如大陸是收稅快、退稅慢，使台商有積壓資金的困擾。

法律風險

　　台灣與大陸法律有很多不同之處，且在規定上雙方的認知是相異的。因此台商必須熟知大陸法律，不能以自己的邏輯去理解大陸法律，否則最後台商會損失嚴重。因此台商如何知法，並進而利用法律來保障自己權益，才是最重要的。

中國大陸宏觀調控政策之分析

中國大陸自1978年後改採「對內改革、對外開放」新經濟政策以來，無論國民所得增長或進出口貿易均發展迅速，目前大陸已是世界第4大貿易國與第6大經濟實體，並與美國同為帶動世界經濟成長的軸心。另外，根據經濟部投審會統計，大陸已為台灣最大之對外投資地，中國大陸包括香港，已取代美國為台灣最大出口市場，因此中國大陸經濟景氣是否熱絡，除對台灣出口榮枯有關鍵性影響，並對台灣「全球佈局、兩岸分工」產業政策產生影響，故為台灣業者關心之重點。

大陸投資不可忽視的十大問題

據大陸官方統計資料顯示，大陸2004年第一季的經濟表現，延續了2003年9.1％的高經濟成長率，成長率更進一步提高至9.7％，其中，第二級產業成長率高達11.6％，而第三級產業則為7.7％，第一級產業相對較差，但也有4.5％的成長率。茲如表5-1所示。

如此高經濟成長的情況之下，為中國大陸帶來許多潛在的問題，確實值得我們加以注意。茲將目前中國大陸投資環境所潛在的重大問題分析闡明如後：

一、中國大陸部分產業投資過熱的問題

2004年2月12日，在中國大陸的全國銀行工作會議上，人行行長周小川明確表態，當前的任務主要是防通貨膨脹。幾乎是與此同時，中國銀監會發出《關於開展部分行業貸款情況專項檢查的通知》，要求各商業銀行對流向鋼鐵、電解鋁、水泥、房地產、汽車等行業的信貸資金情況進行嚴格自查，隨後等待銀監會的抽查。外界普遍將此解讀為對這五大行業投資信用收緊的明確信號。

由於中國大陸經濟改革開放以及整體經濟蓬勃發展，中國大陸在基礎建設及固定資產投資上可說是與日俱增，也促使部分行業包括房地產投資過熱的現象。

依據中國發展和改革委員會統計，目前正在興建中的鋼鐵項目全部完成後，2005年底全大陸的鋼鐵產能將達到3億3,000萬噸，但實際需求要到2010年才能達到這個數字，顯示鋼鐵工業的投資超前了5年。同樣的問題也發生在電解鋁產業的投資上。預計至2005年底，產能將超過1,000萬噸，超過市場需求近一倍。水泥的供

■表5-1　2003年與2004年第一季同期經濟指數比較

各項指標	2003年第一季	2004年第一季
1）經濟成長率	9.1%	9.7%
2）第一級產業	—	4.5%
3）第二級產業	—	11.6%
4）第三級產業	—	7.7%
5）社會消費品零售總額	—	成長了10.7%
6）城市消費10.3%	12.3%	—
7）縣及縣以下消費	6.8%	7.6%
8）固定資產投資成長率	26.7%	43.0%
9）房地產投資成長率	29.7%	41.1%
10）進出口貿易成長率	37.1%	38.2%
11）進口成長率	39.9%	42.3%
12）出口成長率	34.6%	34.1%
13）消費物價水準	—	上漲了2.8%
14）城市物價	—	上漲了2.1%
15）農村物價	—	上漲了4.0%
16）食品價格	3.4%	7.1%
17）工業產品出廠價格	2.3%	3.7%
18）固定資產投資價格	2.2%	7.5%
19）工業增加值成長率	17.0%	17.7%
20）重工業18.6%	20.1%	—
21）輕工業14.6%	14.9%	—
22）股份制企業	18.3%	18.1%
23）國有及國有控股企業	14.3%	14.5%
24）三資企業	20.0%	21.1%

資料來源：本研究整理

過於求現象，也將在2年內出現。面對鋼鐵等三大產業的投資過熱現象，國家發改委提出警告，並要求中央部門有效遏止。

二、中國大陸部分省市投資過熱的問題

　　根據大陸之《中國經濟時報》報導，江蘇、廣東、浙江、山東、上海五省（市）的固定資產投資完成額居中國大陸前5位，佔中國大陸的48％。其它省份固定資產投資額雖然排在這五省（市）之後，但增幅也十分驚人。它們分別是浙江、江蘇、上海、廣東和山東。高度成長的投資份額下，雖然為該地區帶來許多收穫，但投資過熱也會衍生許多的問題，因此，這些省市也成為當前中國大陸宏觀調控政策下，首當其衝抑制的地區。

　　此外，由這些地區也可以發現到，這些省份正好是影響中國大陸最廣泛、發展

最快之區域經濟地區分別是：以廣州、深圳和珠海爲中心的珠江三角洲地區、以上海爲中心的長江三角洲地區和以北京、天津爲中心的環渤海經濟區。

再仔細的觀察，浙江、江蘇和廣東顯然是民間投資發展較快地區，而上海和山東的國有投資則相對其它地方的效率要高一些，國務院研究發展中心技術經濟研究部部長郭勵弘表示：「這就似乎給出一個旁證，很可能是民間投資促成的這一輪投資過熱。」在首波降溫地區中，雖然僅列舉上述五個地區，但是投資過熱的問題已成爲中國大陸各省份不可忽視的危機。尤其當該地區的專有產業爲這一波降溫動作中的主要降溫產業。

例如，2004年4月9日，中國大陸總理溫家寶在國務院常務會議上指出，當前經濟運行中的突出矛盾進一步顯現，集中表現在投資增長過快、新開工項目過多、在建規模過大、投資結構不合理，某些行業和地區盲目投資和低水平重複建設問題相當嚴重。所以，有效的抑制這幾個過熱投資省份，成爲中國大陸現階段的重要課題。

三、中國大陸土地管理受理的問題

根據新華社（2004）的報導指出，國土資源部統計後，被視爲是大陸投資過熱源頭的各地方政府開發區，近日正在進行大規模整頓（如表5-2），中國大陸開發區原有3.54萬平方公里規劃用地，已核減面積1.7萬平方公里，原有各類開發區總數6,015個，準備撤銷3,763個。

在開發區創辦和發展過程中，存在不少問題：一是開發區設立過多過濫，以廣東省爲例，全省472個開發區中，除83個是國家、省政府及有關部門批准設立的以外，389個是省以下各級政府及其部門自行審批或擅自設立的。二是出現不良競爭現象，政府承擔的風險加大。三是開發區的違法用地和閒置土地問題比較突出，有的開發區未依法辦理農地轉用和徵用手續就使用土地，這種情況主要發生在縣、鎮兩級開發區。目前全省開發區仍有閒置土地5,619公頃，徵而不用的問題比較突出。四是一些地方違規將土地管理權和規劃管理權下放給開發區使用。

四、中國大陸部分地區官員違紀的問題

依據《中國改革報》之調查指出：近幾年稅收、財務、物價大檢查的結果分析，貪污腐敗主要表現在：違紀金額居高不下，每年檢查出來的金額都在200億人民幣以上，如果加上小金庫，更可能高達300億人民幣；違法亂紀普遍，高達被檢

■表5-2　面對宏觀調控之土地問題因應做法

地區	做法概述
北京市	根據大陸京華時報報導，北京市開發區數量經過清理整頓後，已由原來的470個，減少到28個，減少比率高達94%，這面積僅爲原計畫面積的53.74%。
廣東省	廣東省國土資源廳宣布，根據大陸最近制定的清理整頓開發區的具體標準和政策界限，全省已撤銷開發區105個，核減土地面積8,095公頃，退回土地面積8,094公頃，復耕土地面積2,042公頃，對現存的367個開發區，正抓緊進行整改和規範。
四川省	四川經營土地工作會議根據大陸最近制定的清理整頓開發區的具體標準和政策界限，四川省148個開發區（園區）現已撤銷54個，其中成都市撤銷和整合歸併28個開發區（園區），初步抑制了開發區過多過濫的勢頭。2003年全省共清理出非法圈占土地4,170畝，非法入市的劃撥土地和集體土地2,800畝，閒置土地近4萬畝。同時加大了土地執法監察和違法違規案件查辦力度，目前已立案查處違法案件6,700餘件，一些涉案的領導幹部受到了黨紀政紀處分。
湖南省	湖南省從去年開始對開發園區進行清理整頓以來，不斷加大撤併開發園區的力度，目前，已對全省現有的228個各類開發園區進行了清理整頓，已自行撤銷開發園區86個，整合13個，核減面積1.35萬公頃。其中長沙市的37個開發園區已合併3個，撤銷15個，邵陽市的31個開發園區，已撤銷22個。
西安市	陝西省西安市大力整治各類越權開發和有名無實的開發區，對清查出來的43個不合格開發區（園區）予以撤銷。通過治理整頓，截至目前，全市經審查合格、予以保留或完善申報手續、加以整合的開發區只剩下18個。

資料來源：本研究整理

查總數的50～70%，且多種違法亂紀行爲並存。陳劍在《流失的中國-國有資產流失現象》一書中指出：中國大陸國有企業的呆帳及銀行不良資產損失至少在12,000億人民幣以上；每年公款吃喝的費用高達1,000億人民幣；每年偷稅漏稅損失1,100億人民幣；由於決策失誤造成的浪費每年至少在1,000億人民幣以上。

從涉案金額上說，九〇年代查處的案件與八〇年代相比更是有大幅度提高。在1992年之前，在所有案例中，貪污、受賄等罪的涉案金額都沒有達到10萬，而1992年之後，在統計的37件案例中，有27件的涉案金額超過10萬，其中12件超過100萬，更有4件超過1,000萬元；在2000年之後發現的5件案例，涉案金額都超過100萬。

長久以來，中國大陸少部分官員違紀的事件層出不窮，如果無法有效的抑制這現象，將對於大陸未來經濟的發展種下令人擔憂的種子。

五、中國大陸人民幣升值壓力的問題

人民幣是否應該升值已經成爲全世界關心的話題。2005年起將因WTO的條款而放寬匯市管制，所以2005年前後是最可能的時機。升值的速度及幅度，第一波採

行急升的可能性較高,而且幅度起碼要有20%的水準,才能先行逼退一部分熱錢,降低緩升過程中貨幣供給大增的困擾。中長期的升幅,需視升值後貿易金額與經濟成長的變化而定。未來大陸仍會繼續採取非匯率措施來降低順差,另一方面則設法提高貨幣市場與外匯市場的效率與規模,建立避險機制,以為升值鋪路。如果非匯率措施無法壓制順差的成長,最終還是必須調整匯率。除非大陸繼續採行2003年上半年的貿易政策,積極擴大進口,降低順差,否則人民幣升值恐難避免。

再從外匯儲備的角度來看,僅1個月內,央行接連兩次公布提高存款準備金率、再貸款以及再貼現利率等緊縮性政策,但對解緩日益嚴峻的通貨膨脹壓力顯得作用有限。市場普遍認為,央行緊縮性貨幣政策的力度明顯偏弱,因此猜測央行未來可能會提高存貸款利率。

提高利率固然是抑止經濟過熱及防範通貨膨脹的最有力手段,但快速增長的外匯儲備令央行難下決心。如提高利率,勢必拉大與美元的利差,助長國際投機資本對人民幣升值的預期,導致投機資本的大量湧入。此外,提高利率有可能打擊有效需求,使剛剛擺脫通貨緊縮的經濟再次陷入低迷。而人民幣升值對台商產業的影響如表5-3。

■表5-3　人民幣升值對台商企業的影響

類別	代表產業	影響
內需型台商	以大陸為市場腹地的業者,如統一食品、中華汽車、台塑、嘉新水泥等。	人民幣升值過程中,將吸引熱錢流入大陸,刺激房市、股市,有利於內需景氣。而原物料進口更便宜,與大陸人民因財富增加,消費能力變強,均可讓內需型台商坐收效益。
外銷型台商	對全球市場敏感,外向性強,講求產業鏈關係的電子業業者。	利弊互見,對於台灣接單大陸出貨的台商來說,需視人民幣升值過程中,進口原物料成本的下降與出口產品價格上漲之間,何者所佔比重較大。

資料來源:本研究整理

六、中國大陸面臨通貨膨脹的問題

隨著經濟的高速增長,中國大陸通貨膨脹的壓力正在形成。大陸官員擔心,儘管中央加強了對經濟的宏觀調控,但是經濟過熱引發的通貨膨脹危險仍然不能排除。中國大陸領導層擔心,投資過熱現象可能會扭轉長期以來物價不斷走低的趨勢,引發通貨膨脹的危險。

專家指出,由於中國大陸經濟連年高速增長,通貨膨脹的危險本來就是意料之中的事。今年前3個月,國民經濟成長9.7%,遠高於官方預定的7%的目標。

從2003年開始，中國大陸官員在不同場合警告投資過熱以及經濟持續高速增長可能會引發通貨膨脹率的升高，並給金融體制帶來衝擊。中國大陸在九○年代初曾因經濟過熱以及無節制地大量貸款而造成兩位數的通貨膨脹率，嚴重影響到社會穩定。當時為穩定經濟，中國大陸嚴格實行了物價控制，並大幅度削減對國有企業的貸款。結果導致物價連年下降，形成長期的通貨緊縮的局面。

據報導，中國大陸目前正在加強宏觀調控，收緊貨幣供應，提高貸款規模的限制，以遏制通貨膨脹率不斷上升的趨勢。中國大陸能否出現嚴重的通貨膨脹的現象，學者們對這個問題有不同的看法，但是他們都指出，中國大陸面臨通貨膨脹的危險，所以抑止過快的投資增速及可能出現的通貨膨脹，成為央行最緊迫的任務。

七、中國大陸能源及原物料價格上漲的問題

中華經濟研究院大陸經濟所助理研究員曾柏堯所作的相關報告中提及根據中國大陸商務部最新的報告，中國大陸生產用的原物料價格持續上漲，今年將上漲5％。原物料價格上漲反映出地方政府盲目投資和重複建設、一般加工項目擴張過快、資源、能源對外依賴度加大、運輸瓶頸和環保壓力升高及原物料市場秩序混亂等為中國經濟的五大隱憂，首先是一些地方盲目投資和重複建設，導致投資與消費關係失衡。其次是部分領域的一般加工項目擴張過快。再者是資源、能源對外依賴程度加大。四是運輸瓶頸和環保壓力加大。最後是生產原物料市場秩序混亂，有待改善和規範。中共商務部所發布「2003年生產原物料市場發展狀況及2004年展望報告」中指出，2004年中國大陸生產原物料供給與需求將會繼續保持一定成長，預計全年原物料銷售總額成長12％左右，全年原物料價格將達到5％左右的漲幅。商務部市場運行調節司指出，價格的持續上揚，凸顯出中國大陸近年來經濟運行中存在的五大隱憂。

八、兩岸政治影響的問題

近年來，兩岸的外交攻防戰已較過去節制，但仍可見兩岸消耗大量資源在外交對抗，兩岸零和的外交競爭也阻礙了兩岸關係的進展。

中國大陸實應展現信心與度量，幫助台灣在國際社會上發聲，不會造成中國大陸的傷害，反而會是種助力。而台灣也會經由中國大陸釋放的善意中，和中國大陸合作為兩岸關係營造更多不同可能的未來。

2003年兩岸春節包機直航問題在年底宣告破局，只能冀望未來再行突破此一僵

局。回顧2002年，兩岸首次談妥春節包機直航，不但讓台商減少返鄉時間、成本，更是兩岸合作的一項進展。可惜2004年兩岸不能拋棄政治立場上的成見，讓原本可以用事務性協商單純角度處理的問題複雜化，兩岸直航再次被政治運作廉價消費，兩岸在此一事務上的合作進程是比2003年退步的。

九、中國大陸採取宏觀調控的問題

中國發展和改革委員會認為，目前中國大陸鋼鐵、水泥、電解鋁產業出現投資過熱現象，產能過剩危機很難避免；在此同時，中國人民銀行宣布，2004年4月25日起，存款準備率將提高0.5%，自目前的7%提升為7.5%。顯然，面對全面性發展的景氣過熱現象，中國大陸官方有意採取強制性的中央調控措施，以期有效防止通貨膨脹及資產價格泡沫化危機的發生。然而，中止實施長達6年之久的金融寬鬆政策，對龐大台商，以及持續發展中的兩岸經貿交流，勢必產生一定程度衝擊，我們有必要密切注意並採取妥當因應策略。

十、中國大陸社會安定與公共安全保障的問題

吳強（2002）認為中國大陸的改革開放已經20餘年，無論從什麼角度來看，中國大陸社會的變化之劇、變化之速都是不爭的事實。但是，隨之產生的未來的巨大不確定性，卻令國際社會為之困惑。面對龐大的城市失業人口、下滑的農村社會經濟、和入世後的壓力，應對政策似乎仍然是以不變應萬變，陷入凱恩斯的流動性陷阱無所作為的同時，為力保總量成長，財政一再擴張。社會政策方面，仍然持續強調穩定和團結，忙於應付各地層出不窮的突發事故，較少積極的、系統的、預防性的反危機政策。

1997年爆發的亞洲金融危機，中國大陸憑藉半開放的市場壁壘、龐大的內需市場及對地區責任的擔當，未受到直接衝擊，但中國大陸表面的繁榮和經濟增長的同時，大陸各地的爆炸、公共安全事故、工人示威、農村騷亂、治安惡化等一系列社會問題次第顯現，值得台、外商注意。

中國大陸宏觀調控政策起因

　　九○年代初期，中國大陸在經濟快速增長的過程中，出現了需求過熱、通貨膨脹和經濟秩序混亂的現象。針對這些現象，中國大陸毅然採取緊縮措施，藉由加強和改善宏觀調控的方式。經過3年多的調整，國民經濟實現「軟著陸」態勢。在1997年下半年，爆發了衝擊全亞洲經濟的金融危機，再加上中國大陸境內供需發生變化，有效需求不足的矛盾逐漸顯現，中國大陸經濟發展又面臨新的嚴峻考驗。中國大陸及時作出擴大內需的重大決策，通過實施積極的財政政策和穩健的貨幣政策，擴大投資需求和消費需求，擴大對外經濟和技術的交流與合作，克服了境內外政治經濟形勢變化帶來的各種困難，實現了國民經濟持續快速增長。過去10年中宏觀調控的實踐，也使中國大陸帶來了往後經濟平穩發展的趨勢。

中國大陸非政府主導的民間投資開始成為經濟主體

　　從2003年初到2004年第一季，整體投資表現，保持了30%的成長率，而鋼鐵和汽車投資的增加幅度明顯地大於平均成長速度，前者是高達130%，後者則超過70%。據統計，全球年產500萬噸鋼的企業只有40個，然而光是河北唐山市周圍，鋼鐵企業就有56個，目標都是500萬噸，而且大部分都是近年才出現的民營鋼鐵企業。除此之外，各地區也相繼有這樣的民營鋼鐵企業的成立，這樣驚人的成長速度，遠遠超出中國大陸的官方統計。2003年10月份，在上海舉辦的中國鋼鐵工業聯合會的會議中，有人提出中國民營鋼鐵的「5個1」，分別是每噸鋼投資1,000元，產量100萬噸，投資10個億，建設期1年，達產期1年。如果按照這樣的速度發展，2003年出現的鋼鐵投資熱，最快在2005年就會形成大規模的產出，但兩年後中國大陸的鋼鐵需求能增加這麼多嗎？

　　需求成長快速的產業，民營企業就呈現蜂擁進入的現象，導致投資出現爆炸性的成長。九○年代中國大陸的平均投資率為35.0%，而2001年為38.2%，2002年為42.2%，照這樣的趨勢發展，2004年則可能超過50%，這樣的成長率足以讓世界各國瞠目結舌。

宏觀調控所要防止的問題

從八○年代以來中國大陸整體經濟成長過程中出現的各種問題，特別是在幾次「過熱」現象出現時的經驗中，為了保持經濟的長期穩定協調發展，在落實宏觀調控時，應該注意防止出現三方面的問題：

第一、防止過高的投資成長，造成經濟「過熱」的表現進而引發通貨膨脹。在八○年代後期和九○年代初期，都是因為投資的「過熱」造成了整體經濟「過熱」的局面。所以，在調整收入分配政策的基礎上，加強了宏觀的調控。此外，確實解決固定資產投資佔GDP的比例不斷上升的現象，已經成為保持經濟社會長期穩定協調發展的當務之急。

第二、防止社會投資受到短期市場利益的誘使造成了盲目投資的現象產生，特別是低水平的重複建設投資，造成未來供給能力的過剩，而且由於這些低水平的重複建設投資缺乏了競爭能力，也會對社會形成通貨緊縮的壓力。

第三、防止對提供能源和基礎原料的投資不足，而造成下一次經濟成長時所出現能源與原料供不應求的狀況。在保持經濟社會穩定協調發展的同時，特別要注意對這些基礎投資的穩定成長，防止在經濟成長期內產生「瓶頸」的限制。

當前重要經濟情勢分析

當前中國大陸經濟已達Rostow教授所稱經濟起飛期階段，意即不需大陸政府特別激勵措施，經濟亦能維持穩定增長，且目前部分大陸經濟分析人員認為GDP增加率7~9％與不超過3~5％物價上漲率，為其最適經濟發展階段。目前之憂慮為投資過多，房地產過熱所引發之總需求大於總供給與供給瓶頸制約，生產財與能源價格上漲問題。再者，2003年第二季受SARS影響基期較低，第二季GDP增加率可能超過10％，而受能源、原物料價格上漲因素影響，物價上漲率將超過3％，經濟過熱問題將會更為明顯。

一、首先，隨民營私有經濟之蓬勃發展，目前大陸總體經濟數據有估計偏低問題。因此大陸經濟呈現泡沫跡象，既有總需求大於總供給問題，亦有供給制約之瓶頸問題，以及由於國際能源及大宗物資價格上漲，亦有輸入型物價上漲現象。

二、大陸經濟結構不平衡問題日益突出。大陸當局與學術界對經濟景氣是否過熱，雖然尚未行成共識，但是2004年第一季城鎮居民人均可支配收入為2,639元，實際增長9.8％，農村居民人均現金收入834元，實際增長9.2％，城鄉差距並無改善，且大陸雖然經濟持續成長，但失業率持續增加，亦造成社會不公平情況擴大。

三、目前大陸糧食、重要原物料、能源價格持續上漲，並非大陸調整剪刀差價格所致，部分因素爲國際市場價格上漲所致（鐵砂及多種重要原材料價格上漲乃因大陸需求大幅增加所致），以及大陸供給瓶頸所致，未來走勢值得關切。此外，由於大陸對能源及各項投資財需求旺盛，並在國際市場大肆採購，並引起該等財貨國際價格之高漲，例如：鐵、銅、煤、鋁及水泥等。

四、目前產業發展明顯呈現暢旺，有關房地產、汽車、煉鋼等產業未來走勢，能否有效抑低，端視人行禁止或限制貸款能否有效奏效。中國大陸貨幣當局雖宣稱以降低貨幣供給量增幅，但若採直接升息方式，雖可以直接壓低房地產市場，但又怕政策過於強烈，導致經濟突然衰退，對此大陸官方與學者尚未達成共識。

五、大陸中央政府投資增加率爲12%，尚稱溫和，但地方政府投資增加率高達65%，凸顯地方政府缺乏紀律，既無法透過預算管理，也不會受到銀行貸款限制，大搞重複工程、形象工程、政績工程、開發區及工業區開發等，問題嚴重。

針對當前局勢雖然胡錦濤與溫家寶領導人及人民銀行發言人，宣稱要進行「降溫政策」，包括資本財價格下壓措施，若干行業禁止或限制開工，若干行業禁止或限制融資，目前問題包括：緊縮力道是否足夠，以及若有成效經濟是「軟著陸」或「硬著陸」問題。

目前大陸出口退稅問題、缺電問題、原物料上漲問題，都使得現階段赴大陸投資成本增加。若加上目前宏觀調控，金融機構融資限制，大陸地區投資風險持續加大，從2003年第四季起外人實際投資增幅明顯減緩。此等問題值得繼續觀察。

中國大陸兩次宏觀調控的比較

八○年代末期，面對漲價、搶購的經濟現象，中國大陸採取了對經濟全面進行治理整頓的宏觀調控措施。此種做法暫時解決市場上供需的失衡，而通貨膨脹也得以舒緩，使得中國大陸的經濟逐步走出低潮。根據中國國家統計局的統計顯示，中國大陸生產總值的成長率由1989年的4.1%、1990年的3.8%，隨鄧小平南巡講話開始，大陸又進行新一波的擴張措施，1991年的經濟成長率飆升到9.2%，開始了中國大陸新一輪經濟過熱，從1991年至1995年中國大陸的經濟年均成長高達12%。

面對再次過熱的國民經濟，於1993年開始啓動宏觀調控，加強和穩定農業基礎，控制固定資產投資的過快成長，採取適度從緊的宏觀經濟政策，尤其是在總量控制、結構調整和改進調控方式等經濟政策，也成功的讓經濟成長率降到9.6%，通貨膨脹率也降到6.1%。

而2004年的3月，同樣的，中國大陸也針對過熱的經濟現象，再一次提出宏觀調控的經濟降溫措施，然而因爲環境的不同，10年來的演變，宏觀調控也有所變化。

「朱調控」的一刀切方式急煞車

1993年開始的宏觀調控，力度非常大，當時廣東省的經濟確是出現了過熱情況，但這次的宏觀調控針對的是全中國大陸的問題，非獨廣東省。由於力度不大，對集團沒有影響（武捷思，2004）。當年「朱十六條」的特點是以「一刀切」方式急煞車，目標爲以期在最短時間內穩定面臨失控的金融大局及經濟失衡；當進入了溫調控時代，中國大陸的十六大確定了主要目標是促進經濟增長、增加就業、穩定物價以及保持國際收支平衡。

「溫調控」所面臨的大環境變化

自2003年下半年以來，從食用油和糧食價格的上升開始，接著出現了鋼鐵、水泥、煤炭等原料以及燃料、動力價格的上升。2004年1月份，其價格比去年同期上漲了4.6%，同時，拿這個價格水準與1997年相比，首次呈現上揚的狀態。此外，消

費價格指數、企業投資商品與消費商品也較2003年同期上升了2.1%、7.6%與5.7%。然而2003年以前，中國大陸的物價水準還處於通貨緊縮的壓力之中。

目前出現的價格上漲與1988到1989年和1993到1994年出現的通貨膨脹是不一樣的，在程度上是有相當的差別。應該說，目前的價格形勢是通貨膨脹壓力在快速的增加，但是出現惡性通貨膨脹的可能性還不大（中國社會科學院，2004）。而兩次宏觀調控的總體客觀環境整理如表7-1。

1993年，計畫經濟仍然在發揮作用，以行政力量為主導的方式進行；如今，市場經濟的成份因素已大幅提高，經濟的運行中加入了法律法規，造成行政力量的轉弱。此外，恆生銀行首席經濟顧問關永盛指出，中國大陸之所以能以較佳的方式調控經濟，避免發生1993年「朱調控」所造成的負面影響，其原因有二：首先是目前中國大陸的經濟環境較10年前有利，特別是較為溫和的通貨膨脹，使得中國大陸有較充裕的時間來測試金融工具的成效。另外是逐步放寬利率的管制，加強銀行同業借貸市場的功能，以及設立央行分區辦事處等，均有助貨幣政策的推行。

大環境的變化改變宏觀調控政策手段

宏觀調控主要是運用經濟手段、法律手段並輔之以必要的行政手段。與1993年相比較，宏觀調控方式發生了變化：

一、由大陸直接調控企業和直接配置資源轉向主要調控市場，進而影響市場行為來實現宏觀調控的目標。

二、供需總量的平衡方面，由供給調節轉向需求調節為主。

三、在調節需求的方法上，由直接調控市場需求規模轉向藉由經濟槓桿來調控市場需求規模。

四、由過去主要靠國家計畫調控逐步成為由國家計畫、金融政策與財政政策三者間的相互配合來協調宏觀經濟政策。

宏觀調控的政策動向

自1992年中國大陸確立社會主義市場經濟的改革目標後，經歷了1993-1996年宏觀調控政策使中國大陸的經濟「軟著陸」和1998年擴大內需的積極財政政策與貨幣政策到今，整體而言的趨勢如下（如表7-2）：

一、從宏觀調控政策，到宏觀調控法的確立：由於社會主義市場經濟的改革目標確立的時間不長，在1992~1993年間，中國大陸的宏觀調控主要是以黨的政策方

■表7-1　中國大陸兩次宏觀調控之總體環境比較

項目	1993年	2004年
領導人	朱鎔基（1994年）	溫家寶（2004年）
GDP	3.138兆人民幣（約7,600億美元）	2003年11.670兆人民幣（約14,000億美元）
世界經濟排名	N.A	6
貿易總額	1,958億美元	8,512億美元
世界貿易排名	11	4
佔世界貿易比重	2.69%	5.58%
實際利用外來投資金額	367.7億美元	535億美元
外來投資金額佔世界排名	2（僅次於美國）	2（僅次於美國）
外匯存底	212億美元	4,033億美元
存款牌告利率	11%	1.616%
經濟成長率	92年為19.3% 93年為15.8%	1Q為9.7% 2Q預估為11% 上半年預估為10%
通貨膨脹率	近20%	2月2.8%（全年預估為5%）
投資成長率	61.8%	26.6%
成效	通膨率1995年回跌到14.8%，1997年達5%，經濟成長率回穩至9%	預計年經濟成長可控制在7%
實施政策	1. 控制全年貨幣發行量 2. 嚴格控制信貸總規模 3. 糾正違章拆借資金 4. 制止亂集資 5. 限期完成國庫券發行 6. 提高存款準備率 7. 正在建設項目進行審批排隊 8. 嚴格控制新開工項目 9. 稅收徵管 10. 外匯改革	1.嚴格控制新開工項目，認眞清理在建項目 2.加強金融調控和信貸管理，適度控制貨幣信貸增長 3.嚴格管理土地，深入開展土地市場治理整頓 4.嚴格查處重大違規的經濟案件 5.加強經濟運行調節，確保煤電油運和重要原物料供需銜接 6.加強農業和糧食生產，做好糧食市場調控 7.加強市場物價監管，依法打擊擾亂市場秩序行為 8.大力開展資源節約活動，推進節約型社會建設

資料來源：中國國務院、銀監會、亞洲開發銀行、經濟日報、工商時報、券商，ING投顧整理（2004）。

■表7-2 兩次宏觀調控的主要政策比較

	朱調控	溫調控
對象	房地產與證券業	鋼鐵、水泥等原料業與房地產
主要政策	• 控制全年的貨幣發行量 • 嚴格控制信貸總規模 • 糾正違章拆借資金 • 提高存款利率 • 對在建設的項目進行審批、嚴格控制新開工的項目。	• 財政政策 包括運用預算、稅收、債券、轉移支付等手段，主要用來調節經濟結構和社會分配 • 金融政策 中央銀行和監管部門通過實施貨幣政策加強對金融業監管，綜合運用利率、匯率、貼現率、存款準備金率和公開市場業務等手段，調節貨幣供應量，穩定幣值，促進經濟增長

資料來源：李德水（2004）：東方日報

式來確立。如1993年6月24日，中共中央國務院宣布《關於當前經濟情況和加強宏觀調控的意見》，提出了16項宏觀調控措施。但自1993年下半年開始，中國大陸接續通過了《預算法》、《中國人民銀行法》、《稅收徵收管理法》等法律。說明了宏觀調控措施開始走向法制化。

　　二、從「行政與經濟」雙重調控，到以「經濟」調控為主的單重調控：在中國大陸經濟轉型初期，常採用計畫體制下的「行政性」調控──政府管制手段，對某一企業進行大規模的整頓。但隨著宏觀調控經驗的豐富與市場機制的建立，宏觀調控措施逐漸以「經濟性」手段為主，如針對1998年中國大陸境內需求不足，實行了積極的財稅政策。

　　三、從中央完全主導的宏觀調控體制，到以中央為主、地方為輔的宏觀調控體制：許多的中國大陸學者認為宏觀調控是國家站在全社會的整體立場上對宏觀的經濟運行所實施的調節和控制。也就是說，宏觀調控應由中央統一來制定，而地方政府組織只是執行中央宏觀調控政策、措施和決定的單位。但是，由於中國大陸的幅員遼闊，各地經濟發展狀況不一致。因此，為更有效地利用宏觀調控措施，應建立以中央為主，地方為輔的宏觀調控體制，而在地方，則是以省、自治區、直轄市政府作為該轄區的宏觀調控主體。

中國大陸宏觀調控的影響

推動中國大陸經濟的包括投資、進出口、消費。而在投資領域的兩大驅使動力，則是政府投資和外商直接投資。自2002年開始，外商投資規模連續2年超過500億美元，2004年第一季又批准設立外商投資企業10,312家，比起2003年同期成長了接近20%，合同投資規模342億美元，亦成長了49%。

在過去25年來，中國大陸外商直接投資已超過5,000億美元，外商直接投資佔GDP比重已超過四成，外資企業佔據中國大陸整體進口金額的六成、出口金額的五成。而按聯合國貿易和發展會議的國際投資專家報告，跨國直接投資的新一輪成長中，亞太地區是投資前景最樂觀地區，而中國大陸是未來2年投資首選。也就是說，一方面中國大陸經濟的外資依賴度異常之高，一方面外商投資的熱情也保持旺盛。在這種情況下，新的宏觀調控措施，表面上看去完全不涉及外資，但絕對會對外商投資帶來影響。

短空長多的新一代宏觀調控

在中共總理溫家寶宣布抑制景氣過熱談話後，國際原物料市場出現大幅震盪。不過，業者認為，在原物料價格近2年的大幅飆漲後，此次大陸經濟降溫動作將有利於製造業者成本降低、提高毛利率。此外也可避免景氣過熱及中國大陸經濟泡沫化。而中國大陸在2008北京奧運及2010上海世界博覽會的驅動之下，多項基礎建設仍將持續進行，所以降溫的影響應為「短空長多」，是一項讓市場回歸合理穩健的措施。

一、重新評估進軍大陸的佈局良機

對於已在中國大陸經營事業的台商而言，如果台商僅以大陸為生產基地，主攻外銷市場的企業，預料宏觀調控的影響不大，只要歐美市場的景氣持續復甦，各電子廠的出貨仍會持續暢旺；至於傳統產業也能利用此次原物料價格回復正常價位之際，使得本身的經營成本下降。而真正有影響的是以大陸內需市場為主的廠商，這一類的廠商可能會因為大陸內地需求下降，增加進軍大陸市場的阻力。

事實上大陸此次實施宏觀調控之後，有助於產業發展回歸基本面，當中國大陸

許多市場價格不正常的現象消除後，反而有助於台商看清楚大陸市場現況，在排除經濟過熱的疑慮後，將成爲台商重新回頭審視中國大陸投資佈局的良機。

二、內銷轉外銷，減少調控衝擊

只要設廠在中國大陸的台商，或多或少一定會受到宏觀調控的衝擊影響。但是超過六成的台商是從事外銷產業，受到國際景氣的影響比中國大陸境內經濟的影響要大。所以東華大學高長教授認爲，廠商最好把內銷轉外銷，以減少可能發生的損失；而不能外銷的廠商則要有「度小月」的打算，停止進行擴廠或新增投資計畫，謀定而後動。

在資金調度方面，應該要審愼保守爲原則，定期審視調控的發展再決定下一步的資金運用計畫。再者，台商應保持危機處理的彈性，尤其在中國大陸這投資風險相對較高的經營環境中，擴張速度過快容易讓自己陷入困境。還有，不宜將所有雞蛋放在同一個籃子裡，適度分散風險是前進大陸的根本原則。

三、「溫氏效應」下，台商籌資問題不一

摩根大通銀行香港區負責人郭明鑑認爲「溫氏效應」並不會影響台灣資金的籌措。目前在大陸只要是信用及體質好的外資產業，不僅是外商銀行搶著聯貸，連中資銀行都願意參與聯貸資金。

郭明鑑也認爲「溫氏效應」是短空長多，因爲這次是針對部分產業過熱情況，例如房地產和鋼鐵業，而其它產業中國大陸或多或少都已開始實施其它調控措施，所以這次緊縮經濟政策，並非全盤的硬著陸。因此，在大陸投資的台商，可以藉由這次機會，重新做資源配置，以因應市場變化。

面對宏觀調控下持續加碼的國際外資

江蘇的鐵本公司事件讓國際見識到中國大陸落實宏觀調控之嚴厲程度。在被視爲「投資增長過快」的禍首並且爲此次重點調控的鋼鐵、房地產、水泥、電解鋁四個行業裡，可以說是嚴陣以待。但是外資對中國大陸的宏觀調控表現出處之泰然的態度，在目前的環境中，似乎哪裡熱就往哪裡鑽。對於投資某個行業的風險和收益，他們有自己的判斷標準和行事規矩。

全球排名前5的歐洲最大金融機構之一：荷蘭國際集團（ING）2004年5月初在上海宣布，ING剛剛完成一項亞洲房地產基金收購項目，並將把該基金投放於中國

大陸市場。在此之前，ING在中國大陸的房地產投資額為3億美元，而新的基金投放中國大陸市場後，使得ING在中國大陸的房地產投資總額增加一倍，達到6億美元。

　　同樣由需求主導外資不斷進入的還有鋼鐵行業，而鋼鐵行業也同樣屬於宏觀調控的重點對象。2004年4月22日，全球最大的彩塗鋼板生產企業：澳大利亞博思格鋼鐵落戶蘇州工業園，總投資2.8億澳元（約合人民幣18億元）建立一條金屬鍍層與彩塗鋼板生產線，預計2006年完工。這是該公司上市以來在亞洲地區最大的一項投資。

中國大陸宏觀調控的六大效果

　　根據中國大陸國家發展和改革委員會表示以及本研究觀察，中國大陸的宏觀調控措施，已經在六個方面取得了明顯的成效。

一、投資增長過快的趨勢得到遏制

　　隨著各項宏觀調控政策的落實，「溫氏效應」正逐步顯現。2004年1至2月，城鎮固定資產投資（50萬元以上項目）同比增幅高達53％。投資快速的成長，主要是2003年投資擴張的持續和加強，其原因是多方面的。隨著宏觀政策調控力度的加大，尤其是控制投資擴張的各項方案紛紛出爐，調控效果逐步顯現，固定資產投資的增幅在3至4月份持續明顯下降。根據統計，1至4月份城鎮投資同比增長42.8％，與1至2月份的增幅相比降低了10.2％，其中4月份投資同比增長34.7％，比3月份的增幅降低8.8％。

二、貨幣信貸增幅明顯下降

　　根據中國大陸中央銀行金融統計數據顯示，2004年5月中國大陸金融表現的主要特徵為：貨幣供應量和各項貸款的成長速度減緩，中長期貸款和外匯貸款成長仍然較快，城鄉居民儲蓄存款成長持續減少，貨幣市場利率穩定，人民幣匯率保持穩定。

三、基礎產品價格上漲得到抑制

　　種種跡象表明，中國大陸2004年第一季投資增長已經出現降溫趨勢，隨著宏觀調控政策的落實以及政策效應的進一步發揮，2004年下半年投資增長將會大幅放慢，這將有效抑制價格的快速上漲。實際上，自2004年3月以來，中國大陸的鋼材市場已經出現建築鋼材價格持續下降的趨勢。其中線材、螺紋鋼等建設鋼材價格已回跌至2003年12月初的價格水準。這表明宏觀調控的政策效應已經開始顯現。鋼材價格大幅下跌，意味著與此相關的建材等生產原料的價格不久也將會隨之下降。

四、部分過熱行業生產增速明顯下降

2004年5月份，工業增加值增長了17.5%，增幅比2004年4月份下降了1.6%。其中，重工業增長18.9%，下降2.5%；輕工業增長16%，下降0.6%。鋼鐵等過熱行業生產增速下降較多，粗鋼、鋼材產量同比分別增長13.3%和14%，亦比2004年4月份下降7.3%和9.4%；與此同時，原煤、發電、鐵路運輸繼續保持快速增長，煤電油運供求出現一些緩和跡象。

五、消費市場穩中趨旺

2004年5月份，中國大陸的社會消費品零售總額達人民幣4,166億元，增幅與同比增長17.8%，增速亦比2004年4月增加了4.6%。城市和農村銷售分別增長21.1%和11.5%。2004年1至5月，社會消費品零售總額累計增長12.5%，住房、汽車等消費繼續快速增長，房屋銷售額增長44.9%，汽車類商品零售額增長53.2%，此外，餐飲業銷售額增幅同樣的突出，同比增長47.2%，批發零售貿易業增長與同比增長了14.9%。

六、對外貿易持續快速增長

2004年5月份，中國大陸的外貿進出口總額876.3億美元，同比增長34.1%。其中出口448.69億美元，增長32.8%；進口427.65億美元，增長35.4%。出口大於進口21.04億美元，出現今年以來首次順差。合同利用外資572億美元，實際利用外資259億美元，同比分別增長49.8%和11.3%。

總體而言，2004年中國大陸對外貿易的發展環境將繼續改善，從出口方面看，主要國際經濟組織和機構普遍看好世界經濟的前景，根據 IMF預計，2004年全球經濟將成長4.6%，達到近3年來最高水平。此外，國際貿易將更加活躍，根據WTO預測，2004年世界貿易量將增加7.5%，比2003年增加近3%。

台商因應措施建議

尚未決定赴大陸投資之台商：目前大陸經濟情勢確實有投資過熱跡象，目前研判，大陸當局仍頗為重視，且採積極之因應措施，研判第三季後，應可逐步景氣降溫，且將延緩經濟發展速度。若大陸宏觀調控有效且兩岸產業結構沒有改變，企業未來仍可繼續進行「全球佈局、兩岸分工」動作。

決定赴大陸投資，但尚未進行買地蓋廠房之台商：目前大陸已針對農業用地變

更及空地進行禁建限制及限制移轉等措施，因此尚未買地台商應可仔細挑選，再決定買地或租地。已買土地但尚未蓋廠房台商，現階段蓋廠成本很高，宜等待大陸生產財價格回跌後，再行建廠工作。至於買地或房地投資者應注意空地時效，避免閒置過久遭大陸主管機關沒收。

已赴大陸投資者：針對大陸電力不足拉閘停電地區之台商，除調整上班時間外，應考慮自備發電機處理。內銷及與大陸銀行往來之廠商應注意銀行緊縮信用風險，亦可能受上下游供應商及客戶因緊縮信用支付危機之風險。

第三篇

總體競爭力篇

城市在全球活動中的地位日形重要，

且城市間的競爭力更趨激烈，

在此即以競爭力、環境力、

風險度、推薦度之「兩力兩度」分析模式，

為您探討此一重要課題……。

總體環境競爭力分析

依據國際競爭力發展歷程，進入廿一世紀的新紀元後，國際競爭力延續了廿世紀九〇年代的全球化和信息技術、高新產業的快速發展，進而促進了世界主要國家和地區創新體系的形成，以及社會結構優化調整，邁入第三階段。國際貿易的發展即是最佳之驗證：世界之主要經濟體，明顯區分為歐盟、北美及亞洲，顯示區域整合發展競爭力之趨勢。推及大陸城市，即說明整體提升區域競爭力之重要性。

中國人民大學競爭力與評價研究中心研究組（2003）自瑞士洛桑管理學院（IMD）衍生國際競爭力之定義，即在世界經濟大環境下，各國或各地區間進行綜合比較創造增加值和國民財富持續增長的系統能力。

因此現今總體環境的變化大自國家，小至區域、城市都處於競爭狀態，如何獲取外在資源，結合本身核心能力，衍生強化競爭力，係現今重要探討課題之一。

國家競爭力分析

世界公認權威的國際競爭力研究組織瑞士洛桑管理學院（IMD）將國際競爭力分為八大要素，即：國家經濟實力、國際化、政府管理、金融體系、基礎設施、企業管理、科學技術和國民素質。於2001年起整合為四大要素：經濟運行競爭力、政府效率競爭力、企業效率競爭力、基礎建設和社會系統競爭力為國際競爭力排名。而中國大陸近5年來於IMD國家競爭力之排名，詳如表10-1所示。

由表10-1顯示，2002年與2001年比較中國大陸國際競爭力總排名上升，但是仍低於1998~2000年。2002年各指標中經濟運行競爭力（由第7名提升至第3名）、政府

■表10-1 近五年中國大陸國際競爭力排名

項目　　　　　　　　　年度	1998年	1999年	2000年	2001年	2002年
總體排名	21	29	30	33	31
1）經濟運行	3	4	5	7	3
2）政府效率	19	31	32	35	30
3）企業效率	32	34	37	40	43
4）基礎設施和社會系統	30	35	34	39	35

資料來源：World Competitiveness Yearbook, 1998-2002, IMD.

效率競爭力（由第35名提升至第30名）、基礎設施和社會系統競爭力（由第39名提升至第35名）排名回升，但是企業效率競爭力持續下降（由第40名下滑至第43名）。

依據2003中國國際競爭力發展報告引用IMD對中國大陸整體競爭力所提出的建議事項，計有：

1. 加入WTO後，政府職能之重新定位；

2. 掃除投資進入障礙，鼓勵投資成長；

3. 加強市場立法，改善市場環境；

4. 加快社會保障體制的改革；

5. 改善金融體系，加強中小企業之資助。

此外，針對中國大陸內地的競爭力，IMD亦提出應注意建議事項如下：

1. 高科技產品出口比例增加與對美國經濟的依附增強是一體兩面；

2. 中國大陸人口眾多，提高勞動生產率舉步維艱；

3. 生活敏感程度低，侵權行為盛行，無相關數據證明政府重視程度；

4. 企業管理面臨危機，專業、稱職的企業管理者嚴重不足。

中國大陸快速發展主因為對外開放、市場經濟深化、有效競爭及創新。對外開放過程，各區域吸引外資進入，引進競爭產業、先進技術、企業管理模式和適應市場管理，引進區域現代化。市場經濟深化是以市場要素、資源與經濟機制、運行、競爭、創新等因素不斷深化互動過程。因為經濟行為是以人為中心運作，當人力資本市場到達一定程度，市場經濟制度必然出現創新和發展，也為企業發展和人力資本素質的提升創造更大發展空間。上述四點為國家競爭力形成相輔相成的良性循環。

區域競爭力分析

依據2003中國國際競爭力發展報告分析（2003）中國大陸整體發展競爭力之優勢項目，計有下列諸項：

一、生產、投資、儲蓄、消費等有極強之經濟實力：

如珠江三角洲及長江三角洲，其創造增加值的能力、水準和發展潛力在軍事強化能力、GDP總值和每人平均GDP及其成長率均極高、金融消費佔人民經濟重要比例。整體而言，經濟運行的規模、成長和質量較其它區域有較強競爭力。

二、利用外資、進出口和國際化的競爭優勢：

珠江三角洲及長江三角洲，利用外資最多，形成產業聚集，國際化程度較高，吸引更多外資投入，創造更良好之投資環境。

三、人力資本聚集和人力資本要素成長優勢：

最有力的證明即深圳之發展，在人力聚集、高科技產業聚集等方面的成功。人力資本及其學習效應顯示其在城市發展競爭力中的重要性。

四、產業聚集與企業群集優勢：

產業聚集與企業群集是市場競爭的成果，展現出產業和企業競爭力，也帶來人力資本等重要要素的聚集，創造出更強化的區域競爭力。

五、金融資源的助力：

金融資源和價值創造息息相關，豐富的金融資源將促進國際競爭力。如珠江三角洲及長江三角洲以土地資本化、科技成果產權化和資本市場化上促進金融資源之創造與流動，奠定發展區域金融資源創造之優勢。

六、高效率的政府管理：

以中國大陸最發達地區—珠江三角洲及長江三角洲表現傑出。

七、收入水準及高生活質量：

國家競爭力優勢的其中一特性即為高所得水準和高生活品質。珠江三角洲及長江三角洲在報告中亦領先其他區域。

整體而言，中國大陸以珠江三角洲及長江三角洲在所有區域中最佔優勢，此兩區域核心競爭力、基礎競爭力、環境競爭力皆優於其它區域，因此建立自身區域競爭力，奠定中國大陸國際競爭力基石，並做為其他區域學習借鏡。

相對於以上發展區域，中國大陸較落後區域之競爭力其劣勢如下：

1. 工業化程度落後；

2. 區域競爭力優勢認識不清；

3. 創造附加價值能力弱，導致企業資源流出；

4. 生活方式落後，需求競爭力更低；

5. 習慣不良，嚴重缺乏自學氣氛；

6. 過多資源浪費：政府基礎建設進度超前，相反地，企業缺乏競爭力成長資源基礎。

地區若要提升區域競爭力應當滿足下列條件：（1）經濟發展水準提升，以每人平均GDP為度量指標；（2）經濟成長能力提升，但是僅僅考慮成長面，仍無法反映一個地區的經濟持續成長，廿一世紀經濟報導（2004）考量成長持續性，提出一個全新概念：經濟成長加速度，指經濟成長的成長速度。地區綜合競爭力的評估，可歸納為：地區綜合競爭力指數＝地區經濟發展水準×地區經濟成長加速度。

11 大陸各城市總體競爭力分析

　　調查城市之樣本預先定為144個，在考慮評估資料之完整性後，我們在這144個城市中選取資料齊備的115個城市樣本，進行總體競爭力分析。其中，依加權分數之高低，將其分為A至E五個等級。表11-1為各城市競爭力各指標加權分數及排名。

■表11-1　中國大陸城市競爭力分析加權與排名

組別	省市	基礎條件 權重10%	財政條件 權重15%	投資條件 權重30%	經濟條件 權重30%	就業條件 權重15%	綜合分數 權重100%	排名
A	上海	93.20	100.00	99.71	98.90	96.78	98.42	1
	北京	97.15	99.12	99.35	94.51	98.83	97.57	2
	廣州	92.54	97.80	93.40	97.36	96.19	95.58	3
	天津	89.47	96.49	96.59	92.98	91.22	93.97	4
	深圳	60.30	97.80	96.95	98.24	96.78	93.77	5
	南京	78.51	95.17	91.60	86.18	87.71	88.62	6
	杭州	84.87	93.42	87.34	91.66	81.87	88.48	7
	青島	78.07	89.47	88.47	85.74	81.57	85.73	8
	大連	77.85	92.54	85.36	87.06	80.99	85.54	9
	瀋陽	86.62	91.66	87.43	80.48	79.23	84.67	10
	蘇州	62.28	86.40	82.74	95.61	78.07	84.40	11
	寧波	61.84	88.15	89.91	88.15	72.80	83.75	12
	成都	89.91	81.58	87.17	78.94	78.65	82.86	13
	濟南	86.84	83.33	82.27	78.73	78.94	81.32	14
	無錫	60.96	87.72	78.87	92.98	69.00	81.16	15
B	武漢	91.45	92.54	62.76	83.33	82.74	79.26	16
	長春	77.19	78.50	80.30	76.97	74.56	77.86	17
	廈門	50.22	86.84	75.21	76.97	84.21	76.33	18
	重慶	69.08	95.17	85.94	71.27	51.75	76.11	19
	佛山	59.43	90.35	63.48	87.93	69.88	75.40	20
	哈爾濱	81.80	83.33	77.51	68.64	72.22	75.35	21
	福州	68.85	77.63	72.39	76.31	72.51	74.02	22
	煙台	66.01	67.98	80.50	77.85	61.40	73.51	23
	西安	83.55	83.33	73.61	62.28	77.19	73.20	24
	石家莊	75.43	71.49	76.86	73.24	59.35	72.20	25
	長沙	75.21	75.00	73.88	61.62	71.05	70.08	26
	東莞	43.42	83.33	68.42	80.04	52.34	69.23	27
	昆明	73.90	80.70	58.92	63.38	76.02	67.59	28
	唐山	65.57	70.17	68.19	72.36	55.26	67.54	29

■表11-1 （續）中國大陸城市競爭力分析加權與排名

B	常州	49.78	79.38	60.80	76.31	62.28	67.36	30
	溫州	50.00	67.10	63.10	74.78	60.52	65.51	31
	珠海	32.23	75.44	64.19	62.06	73.68	63.46	32
	紹興	46.71	33.77	71.10	79.82	54.67	63.21	33
	大慶	46.05	66.66	49.26	75.44	74.26	63.15	34
	泉州	44.29	46.93	62.36	75.44	61.40	62.02	35
	鄭州	77.19	78.51	34.21	69.95	69.88	61.22	36
	徐州	58.11	61.40	68.45	55.92	51.75	60.09	37
C	太原	79.60	68.86	52.39	49.12	73.09	59.71	38
	淄博	51.97	69.74	40.57	73.68	61.40	59.14	39
	中山	28.94	72.80	62.57	62.93	50.87	59.10	40
	鎮江	44.29	54.38	60.56	63.59	54.97	58.08	41
	南通	51.75	61.40	54.89	64.69	50.87	57.89	42
	烏魯木齊	71.71	71.93	44.27	46.27	79.23	57.00	43
	濰坊	53.72	48.68	59.49	64.69	42.10	56.24	44
	南昌	58.55	60.52	54.44	51.09	60.23	55.63	45
	威海	33.77	40.35	57.16	73.24	47.07	55.61	46
	合肥	51.97	66.23	62.53	42.98	49.41	54.20	47
	江門	30.92	50.00	55.06	67.98	42.98	53.95	48
	鞍山	61.40	67.54	29.53	66.88	56.43	53.66	49
	揚州	45.83	53.07	55.49	55.70	48.53	53.18	50
	東營	46.49	42.10	41.78	60.08	71.63	52.27	51
	蘭州	64.69	62.72	39.30	46.49	69.58	52.05	52
	嘉興	47.58	29.82	47.07	69.73	50.29	51.82	53
	貴陽	56.36	73.24	50.56	35.30	61.98	51.68	54
	惠州	27.19	38.59	52.68	59.64	61.40	51.41	55
	保定	56.79	40.79	59.07	51.97	35.38	50.42	56
	南寧	57.23	64.47	51.27	32.67	62.28	49.92	57
	海口	50.21	43.86	52.22	32.45	62.86	46.43	58
	江陰	28.51	58.33	30.98	67.98	32.74	46.20	59
	吉林	52.63	57.45	38.01	47.58	41.81	45.83	60
	洛陽	52.63	55.70	40.59	43.85	42.10	45.27	61
	常熟	15.35	58.77	35.57	58.55	42.10	44.90	62
	邯鄲	56.36	47.81	32.40	48.24	38.59	42.79	63
	宜昌	46.71	47.37	47.03	38.37	35.38	42.70	64
	汕頭	23.02	50.87	44.17	46.05	37.42	42.61	65
	包頭	63.81	58.77	23.97	40.13	52.63	42.32	66
	泰安	58.99	35.52	37.17	43.64	35.96	40.86	67
	湖州	42.98	27.19	39.76	49.78	36.25	40.68	68
D	秦皇島	57.23	42.54	34.07	33.11	50.29	39.80	69
	呼和浩特	55.04	39.47	24.56	37.72	60.52	39.18	70
	臨沂	35.96	37.72	37.02	48.46	24.55	38.58	71
	泰州	34.21	42.54	32.13	48.68	30.11	38.56	72
	肇慶	41.88	14.47	48.64	41.66	27.77	37.62	73
	漳州	32.01	19.73	50.27	42.10	24.26	37.51	74

■表11-1 （續）中國大陸城市競爭力分析加權與排名

D	蕭山	16.23	23.24	40.05	50.00	31.28	36.82	75
	柳州	52.41	53.51	13.15	32.89	63.15	36.55	76
	蕪湖	39.47	35.96	42.60	30.26	31.57	35.93	77
	盟成	45.61	15.35	29.96	49.56	32.74	35.63	78
	湛江	44.73	29.38	37.49	34.87	30.11	35.10	79
	岳陽	31.79	15.79	42.29	37.06	28.06	33.56	80
	德州	30.48	11.84	47.15	38.15	18.71	33.22	81
	大同	57.67	35.96	24.46	20.39	53.50	32.64	82
	茂名	41.88	23.68	23.47	46.92	19.88	31.84	83
	桂林	41.00	43.42	30.64	22.15	35.38	31.75	84
	張家口	41.88	42.10	27.58	24.12	32.45	30.88	85
	韶關	39.47	23.24	35.41	21.05	42.68	30.77	86
	宜興	12.72	35.08	21.75	41.66	24.85	29.28	87
	衡陽	51.97	10.08	36.13	25.66	26.31	29.19	88
	九江	34.43	18.42	45.92	17.76	23.39	28.82	89
	襄樊	50.66	23.68	15.32	34.21	32.74	28.39	90
	棗莊	32.23	35.09	17.70	30.92	31.87	27.85	91
	莆田	14.47	24.12	40.59	19.73	29.82	27.64	92
	銀川	46.49	38.15	12.86	17.10	54.38	27.52	93
	攀枝花	38.59	35.09	9.06	22.80	57.89	27.36	94
	齊齊哈爾	43.42	29.82	21.76	19.51	39.18	27.07	95
	綿陽	36.18	40.35	10.52	29.16	27.48	25.70	96
	營口	37.06	25.00	23.97	23.24	22.51	25.00	97
	十堰	35.08	10.08	10.00	25.21	39.76	21.55	98
	西寧	42.10	24.56	9.94	8.99	49.41	20.98	99
	牡丹江	37.94	17.98	8.18	21.71	33.33	20.46	100
	梅州	53.95	9.65	25.35	8.33	20.76	20.06	101
E	四平	41.66	4.82	23.64	10.08	19.59	17.95	102
	阜新	46.49	27.19	13.23	3.72	25.14	17.58	103
	三亞	15.35	4.38	27.12	4.60	35.67	17.06	104
	宜賓	29.16	0.44	7.01	29.60	18.71	16.77	105
	清遠	17.32	4.38	26.03	5.92	26.90	16.01	106
	商丘	30.26	14.91	12.57	13.59	16.96	15.65	107
	潮州	16.88	6.58	18.43	18.20	9.94	15.15	108
	開封	40.79	14.03	3.80	13.37	21.05	14.49	109
	景德鎮	26.09	3.51	14.46	11.40	21.34	14.09	110
	北海	16.88	15.78	5.85	12.06	19.00	12.28	111
	河源	16.66	1.75	23.49	2.85	12.86	11.76	112
	梧州	11.84	11.84	14.09	6.14	11.69	10.78	113
	黃山	15.79	5.26	2.63	5.70	18.71	7.67	114
	張家村	18.20	2.63	2.63	2.41	16.08	6.14	115

資料來源：本研究整理

附　　註：組別之分類以綜合分數為評比指標，綜合分數80~100分為A級，79~60分為B級，59~40分為C級，39~20分為D級，19~0分為E級。

中國大陸城市競爭力排名近五年之分析

由表11-2顯示5年間城市各自之排名均有所變動，為探討5年間各年度排名之關聯性，本研究以5年排名加總分數，再進行一次總排名，以SPSS 軟體進行各年度排名間皮爾森積差相關分析。

■表11-2 中國大陸城市競爭力近五年排名分析

組別	城市	本研究加權分數	2004年排名	2003年排名	2002年排名	2001年排名	2000年排名	近五年排名總分	總排名
A	上海	98.42	1	3	1	1	2	8	1
	北京	97.57	2	4	3	2	1	12	2
	廣州	95.58	3	1	2	3	4	13	3
	天津	93.97	4	8	5	5	5	27	4
	深圳	93.77	5	2	4	4	19	34	5
	南京	88.62	6	35	6	6	13	66	12
	杭州	88.48	7	17	7	9	7	47	8
	青島	85.73	8	6	8	12	8	42	6
	大連	85.54	9	5	9	13	10	46	7
	瀋陽	84.67	10	7	10	8	16	51	9
	蘇州	84.40	11	31	12	7	3	64	10
	寧波	83.75	12	22	11	14	6	65	11
	成都	82.86	13	9	13	21	11	67	13
	濟南	81.32	14	13	15	18	23	83	16
	無錫	81.16	15	10	17	10	15	67	13
B	武漢	79.26	16	—	14	11	18	74	15
	長春	77.86	17	23	20	28	31	119	21
	廈門	76.33	18	14	19	15	28	94	17
	重慶	76.11	19	53	18	24	9	123	24
	佛山	75.40	20	45	25	16	51	157	31
	哈爾濱	75.35	21	15	16	25	26	103	18
	福州	74.02	22	20	21	17	29	109	19
	煙台	73.51	23	24	26	—	—	122	23
	西安	73.20	24	12	23	27	30	116	20
	石家莊	72.20	25	40	22	22	12	121	22
	長沙	70.08	26	16	27	39	27	135	25
	東莞	69.23	27	27	30	20	42	146	27
	昆明	67.59	28	18	24	47	34	151	29
	唐山	67.54	29	56	28	29	31	173	35
	常州	67.36	30	26	34	23	25	138	26
	溫州	65.51	31	48	32	33	14	158	32
	珠海	63.46	32	19	33	19	49	152	30
	紹興	63.21	33	87	37	35	23	215	45
	大慶	63.15	34	32	31	—	—	162	33
	泉州	62.02	35	33	40	31	56	195	39

■表11-2 （續）中國大陸城市競爭力近五年排名分析

	城市								
B	鄭州	61.22	36	21	29	26	35	147	28
	徐州	60.09	37	69	36	38	24	204	42
C	太原	59.71	38	39	35	40	36	188	37
	淄博	59.14	39	29	—	—	—	170	34
	中山	59.10	40	41	39	32	44	196	40
	鎮江	58.08	41	46	45	34	39	205	44
	南通	57.89	42	36	43	45	17	183	36
	烏魯木齊	57.00	43	25	38	41	47	194	38
	濰坊	56.24	44	54	44	42	20	204	42
	南昌	55.63	45	34	59	52	39	229	48
	威海	55.61	46	58	48	30	41	223	47
	合肥	54.20	47	43	50	51	45	236	49
	江門	53.95	48	61	46	36	57	248	53
	鞍山	53.66	49	30	—	—	—	198	41
	揚州	53.18	50	55	60	50	33	248	53
	東營	52.27	51	38	—	—	—	223	46
	蘭州	52.05	52	67	42	46	42	249	55
	嘉興	51.82	53	84	41	—	—	297	61
	貴陽	51.68	54	37	51	57	48	247	51
	惠州	51.41	55	42	49	43	58	247	51
	保定	50.42	56	76	47	48	32	259	58
	南寧	49.92	57	28	58	56	52	251	56
	海口	46.43	58	47	52	37	60	254	57
	江陰	46.20	59	70	54	—	—	305	62
	吉林	45.83	60	66	57	—	63	308	63
	洛陽	45.27	61	51	53	58	50	273	59
	常熟	44.90	62	72	62	—	—	327	72
	邯鄲	42.79	63	65	—	—	—	320	68
	宜昌	42.70	64	62	67	—	—	322	70
	汕頭	42.61	65	44	55	44	37	245	50
	包頭	42.32	66	52	61	53	59	291	60
	泰安	40.86	67	85	69	59	46	326	71
	湖州	40.68	68	98	66	—	—	387	81
D	秦皇島	39.80	69	49	74	—	—	320	68
	呼和浩特	39.18	70	57	—	—	—	318	66
	臨沂	38.58	71	74	—	—	—	363	77
	泰州	38.56	72	—	—	—	—	360	76
	肇慶	37.62	73	63	64	54	64	318	67
	漳州	37.51	74	88	63	49	61	335	73
	蕭山	36.82	75	—	65	—	—	350	74
	柳州	36.55	76	50	—	—	—	315	64
	蕪湖	35.93	77	89	76	60	63	365	79
	盟成	35.63	78	—	—	—	—	390	83
	湛江	35.10	79	60	68	55	54	316	65
	岳陽	33.56	80	97	70	—	—	412	85

■表11-2（續）中國大陸城市競爭力近五年排名分析

	德州	33.22	81	90	77	62	55	365	79
	大同	32.64	82	71	80	—	—	388	82
	茂名	31.84	83	—	—			415	86
	桂林	31.75	84	64	79	66	62	355	75
	張家口	30.88	85	86	75	65	53	364	78
	韶關	30.77	86	87	—	—		433	91
	宜興	29.28	87	112	83	—	—	470	96
	衡陽	29.19	88	92	78	—	—	430	89
	九江	28.82	89	100	87	—	—	460	94
	襄樊	28.39	90	95	82	—	—	445	93
D	棗莊	27.85	91	80	—	—		428	88
	莆田	27.64	92	119	85	61	65	422	87
	銀川	27.52	93	101	86	—	—	467	95
	攀枝花	27.36	94	81	—	—		438	92
	齊齊哈爾	27.07	95	83	81	—	—	432	90
	綿陽	25.70	96	68	71	—	—	392	84
	營口	25.00	97	109	84	—	—	483	100
	十堰	21.55	98	108	93	—	—	498	102
	西寧	20.98	99	94	90	—	—	472	97
	牡丹江	20.46	100	111	—	—		528	105
	梅州	20.06	101	124	98	—	—	538	108
	四平	17.95	102	129	96	—	—	545	110
	阜新	17.58	103	118	100	68	—	486	101
	三亞	17.06	104	116	94	—	—	523	104
	宜賓	16.77	105	91	91	—	—	478	99
	清遠	16.01	106	123	92	—	—	535	106
	商丘	15.65	107	105	99	67	—	473	98
E	潮州	15.15	108	—	—	—		540	109
	開封	14.49	109	115	97	—	—	535	106
	景德鎮	14.09	110	102	89	—	—	502	103
	北海	12.28	111	—	—	—		555	111
	河源	11.76	112	127	—	—		598	115
	梧州	10.78	113	121	—	—		585	114
	黃山	7.67	114	—	—	—		570	112
	張家界	6.14	115	—	—	—		575	113

資料來源：本研究計算整理，陳麗瑛（2003），呂鴻德（2002）、林祖嘉（2001）、林震岩（2000）。

附　註：1. 本研究所使用之原始資料除蕭山、基礎建設投資額部分數據取用自呂鴻德（2002）研究資料外，其餘資料來自中國城市統計年鑑（2003）、中國統計年鑑2003，以及各省市統計年鑑2003。

2. 近五年排名總分，若不足五年度，則以既有年度為底數轉換為五年度。

3. 計算公式：加權分數＝（基礎條件）＊10%+（財政條件）＊15% +（經濟條件）＊30%+（投資條件）＊30%+（就業條件）＊15%。

A級城市之競爭力分析

A級城市方面，共計15個城市，其排名和陳麗瑛（2003），呂鴻德（2002）之研究及近5年度排名比較。其中以南京、杭州、寧波與蘇州與陳麗瑛（2003）排名有所差異；和呂鴻德（2002）之研究則排名變動不多；比較5年度總排名前5名排名無差異，城市則以南京差異較大，此可能因2003年評比分數影響所致。

北京於今年度分析中排名回升，可能是受到北京欲爭取2008年奧運比賽，積極投入建設，改善投資環境，致本年度排名上升。

廣州過去一路上升，今年才排名下降，此可能是受到其它地區發展之影響，稀釋其吸引外商之優勢。

A級城市仍係以沿海、靠江及重要直轄市或都會城市為主。直轄市方面以上海、北京、天津等本身具有豐厚資源之古都，分居1、2、4名。其它城市包括廣州、深圳、南京、杭州、青島、大連、瀋陽、蘇州、寧波、成都、濟南、無錫等，均為各省市省會及發展歷史重鎮，多為台商本已聚集之地。A級城市變動不大，顯示因為原有之良好投資環境，配合地利，吸引外資進入而不斷發展進步，進而提升競爭力，創造更良好投資環境，外資受群聚效應、優秀投資環境吸引持續投入投資，成為良好循環。

B級城市之競爭力分析

在B級城市方面，共計22個城市。其排名和陳麗瑛（2003），呂鴻德（2002）之研究及近5年度排名比較。以重慶、佛山、西安、石家莊、唐山、溫州、珠海、紹興、鄭州、徐州和陳麗瑛（2003）之研究差異較大，尤其以重慶、紹興、徐州為顯著。比較呂鴻德（2002）之研究，除鄭州下降7名外，其餘排名差異不大，排名升降不超過正負5名。和近5年排名比較，以紹興和佛山差異為大，其餘城市變動排名為正負8名級距內，而佛山可能係因2003年評比分數低落影響所致。

自表11-2顯示，近年來B級城市呈現排名上升的有：長春、佛山、煙台、東莞、溫州、紹興，多位於較發達省市之次級城市。表11-1說明這些城市部分指標分數多數偏高，顯示當地政府致力於投資條件、經濟條件等改善投資環境有所成效，落於B級城市主係因基礎條件或財政條件分數較弱影響排名。此可能係因當地政府資源仍以主要城市為主，因此次級城市於此方面之評比自然較為薄弱。

鄭州、珠海、西安下降幅度較大。珠海以基礎條件分數低落所致；鄭州以投資條件分數低落所致；西安以經濟條件分數較低。顯示大陸積極欲建立投資環境，仍

須重視各條件之平均發展，部分仍受限於自然條件。

　　整體而言，從B級城市中可發現多屬於臨海省市之重要城鎮及內陸重要省會，顯示其地理環境及歷史發展仍有助於奠立現代化基礎，而B級城市中含有內陸都市，顯示中國大陸西進策略已有彰顯成效。

C級城市之競爭力分析

　　在C級城市中，共計31個城市。排名和陳麗瑛（2003），呂鴻德（2002）之研究及近5年度排名比較。與陳麗瑛（2003）之研究比較多數城市排名均有較大變動幅度。與呂鴻德（2002）之研究比較，變動幅度超過10名者僅有南昌和嘉興。若和近5年排名比較，排名變動幅度超過10名者僅汕頭與湖州。

　　在C級城市中可發現多數以大陸東半部之沿岸省市城市為主，和B級城市有所差異的是，這些城市已偏往內陸；此外，屬較落後發展地區之省市省會與內陸省分之城市增加許多，由此可知，大陸開發策略欲地區平均化仍有成效，造成部分海岸城市之投資移往內陸城市之情事，未來內陸城市排名之提升仍有待觀察。其中應注意的是，部分C級城市排名仍未有明顯上升，也可能是受限於已發展城市（落於A、B級城市）吸引投資已經建立良好基礎以及先天自然環境之限制所致。

D級城市之競爭力分析

　　D級城市，共計33個，佔本研究比例之大部分（約38%）。其排名和陳麗瑛（2003），呂鴻德（2002）之研究及近5年度排名比較。與陳麗瑛（2003）之研究比較，多數城市排名均有大幅度增減，變動最大的為宜興、莆田和綿陽。比較呂鴻德（2002）之研究，以綿陽、齊齊哈爾和營口變動幅度較大且多數城市排名滑落，可能係受到其它城市進步之影響所致。和近5年度排名比較，以柳州、湛江、綿陽變動幅度較大。其餘部分城市因受到本年度研究城市增加影響，導致排名變化幅度增加。

　　D級城市多屬各省市之次次級城市，且多集中於東北地區、華北地區、西南地區、華中地區等，和多數人對大陸區塊落後地區直覺相符，顯示中國大陸為何急欲推廣減少區域差異化。東北地區、華北地區多數城市基礎建設分數較其它指標高，排名上升，顯示大陸推行之西進效果略有成效。

E級城市之競爭力分析

最後，E級城市共計14個，其排名和陳麗瑛（2003），呂鴻德（2002）之研究及近5年度排名比較。與陳麗瑛（2003）和呂鴻德（2002）之研究多有變動，主係因本年度之研究城市增減所致。與5年度排名比較並未有極大差異，排名升降不超過正負9名。

E級城市多為本研究新增之城市，部分受到資料之限制而影響排名。部分E級城市為附屬於主要城鄉旁之城市。

綜觀以上城市競爭力分析，仍係以直轄市、省市交會、航運發達交通便利之城市有較佳之投資環境，與一般直覺相符。從與往年之研究比較，愈具競爭力之城市更容易形成良好之投資環境，致A級城市排名變動較少。

另外，本研究顯示大陸之西進開發策略已有成效，多數內陸城市排名均有所上升，但是分數仍舊不高，其未來之發展，是否受到其它城市採行策略、外商考慮投資因素、如何運用自身核心能力等之影響仍值得注意。

從上述排名中，發展重心仍偏屬西南沿岸，且偏北之城市排名有下降趨勢。此可能受本研究選擇之城市樣本有關，也有可能是因台商對大陸之投資選擇仍多考量地緣關係，以及各省縣市開發程度影響，此與上述良性循環之推論不謀而合。

中國大陸各省與直轄市總體競爭力分析

大陸省份及直轄市之詳細結果請詳表12-1，茲將分析之結果，依照其加權分數，每20分為一級距，分成A、B、C、D、E等5組，如表12-2、12-3所示。

■表12-1　中國大陸各省及直轄市競爭力細項評估分析

地區	省	基礎條件 平均分數	排名	財政條件 平均分數	排名	投資條件 平均分數	排名	經濟條件 平均分數	排名	就業條件 平均分數	排名	加權分數	排名
華南地區	廣東省	65.51	8	100.00	1	100.00	1	96.55	1	34.48	20	0.8569	2
華南地區	福建省	34.48	23	53.44	15	62.06	13	70.69	9	17.24	25	0.5387	14
華南地區	海南省	17.24	29	3.45	28	18.39	26	15.51	26	65.51	11	0.2224	26
華東地區	上海市	68.10	6	96.55	2	86.20	5	87.07	5	93.10	3	0.8724	1
華東地區	江蘇省	74.13	3	91.38	3	91.95	3	93.10	2	24.13	23	0.8025	4
華東地區	浙江省	71.55	4	86.20	5	88.50	4	89.65	3	3.44	29	0.7405	7
華北地區	北京市	62.93	11	77.58	7	66.66	10	71.55	8	100.00	1	0.7439	6
華北地區	天津市	56.03	14	25.86	23	41.37	17	62.93	12	89.65	4	0.5422	13
華北地區	河北省	68.96	5	72.41	10	71.26	8	77.58	7	44.82	17	0.6913	8
華北地區	山東省	75.86	2	91.38	3	95.40	2	87.93	4	41.37	18	0.8250	3
華北地區	山西省	65.52	7	31.03	19	29.88	21	36.20	18	75.86	8	0.4241	18
華中地區	湖北省	63.79	9	58.62	13	71.26	8	63.79	11	48.27	16	0.6293	9
華中地區	河南省	52.58	16	74.14	9	64.36	11	68.10	10	20.68	24	0.5922	11
華中地區	湖南省	53.45	15	60.34	12	63.21	12	51.72	14	31.03	21	0.5353	15
華中地區	安徽省	41.38	20	50.00	16	49.42	14	44.82	17	0.00	30	0.3991	19
華中地區	江西省	39.65	21	29.31	21	41.37	17	32.75	19	37.93	19	0.3629	21
東北地區	遼寧省	77.58	1	79.31	6	73.56	7	80.17	6	79.31	7	0.7767	5
東北地區	吉林省	57.75	13	31.03	19	32.18	20	46.55	16	82.75	6	0.4646	16
東北地區	黑龍江	63.79	10	60.34	11	49.42	14	62.07	13	86.20	5	0.6181	10
東北地區	內蒙古	45.68	18	27.59	22	27.58	25	27.58	25	68.96	10	0.3560	22
西南地區	重慶市	31.89	24	20.69	25	35.63	19	31.89	20	13.79	26	0.2862	25
西南地區	四川省	52.58	16	75.86	8	73.56	6	51.72	14	6.89	28	0.5525	12
西南地區	廣西	29.31	25	46.55	17	29.88	22	27.58	24	10.34	27	0.2870	24
西南地區	雲南省	38.79	22	55.17	14	28.73	23	27.58	21	27.58	22	0.3319	23
西北地區	陝西省	59.48	12	39.65	18	47.12	16	27.58	21	58.62	12	0.4310	17
西北地區	貴州省	15.52	30	17.24	26	11.49	27	8.62	29	58.62	12	0.1896	28
西北地區	甘肅省	27.58	26	12.07	27	11.49	27	11.20	28	51.72	15	0.1913	27
西北地區	新疆	43.10	19	25.86	23	27.58	24	27.58	21	96.55	2	0.3922	20
西北地區	青海省	18.96	28	3.45	28	8.04	29	12.07	27	55.17	14	0.1672	30
西北地區	寧夏	26.72	27	3.44	30	2.29	30	7.75	30	72.41	9	0.1706	29

資料來源：本研究整理

■表12-2　中國大陸各省及直轄市競爭力分析加權與排名

組別	條件權重 省市	基礎條件 權重10%	財政條件 權重15%	投資條件 權重30%	經濟條件 權重30%	就業條件 權重15%	綜合分數 權重100%	排名
A	上海市	68.10	96.55	86.20	87.07	93.10	87.24	1
	廣東省	65.51	100.00	100.00	96.55	34.48	85.69	2
	山東省	75.86	91.38	95.40	87.93	41.37	82.50	3
	江蘇省	74.13	91.38	91.95	93.10	24.13	80.25	4
B	遼寧省	77.58	79.31	73.56	80.17	79.31	77.67	5
	北京市	62.93	77.58	66.66	71.55	100.00	74.39	6
	浙江省	71.55	86.20	88.50	89.65	3.44	74.05	7
	河北省	68.96	72.41	71.26	77.58	44.82	69.13	8
	湖北省	63.79	58.62	71.26	63.79	48.27	62.93	9
	黑龍江	63.79	60.34	49.42	62.07	86.20	61.81	10
C	河南省	52.58	74.14	64.36	68.10	20.68	59.22	11
	四川省	52.58	75.86	73.56	51.72	6.89	55.25	12
	天津市	56.03	25.86	41.37	62.93	89.65	54.22	13
	福建省	34.48	53.44	62.06	70.69	17.24	53.87	14
	湖南省	53.45	60.34	63.21	51.72	31.03	53.53	15
	吉林省	57.75	31.03	32.18	46.55	82.75	46.46	16
	陝西省	59.48	39.65	47.12	27.58	58.62	43.10	17
	山西省	65.52	31.03	29.88	36.20	75.86	42.41	18
D	安徽省	41.38	50.00	49.42	44.82	0.00	39.91	19
	新疆	43.10	25.86	27.58	27.58	96.55	39.22	20
	江西省	39.65	29.31	41.37	32.75	37.93	36.29	21
	內蒙古	45.68	27.59	27.58	27.58	68.96	35.60	22
	雲南省	38.79	55.17	28.73	27.58	27.58	33.19	23
	廣西	29.31	46.55	29.88	27.58	10.34	28.70	24
	重慶市	31.89	20.69	35.63	31.89	13.79	28.62	25
	海南省	17.24	3.45	18.39	15.51	65.51	22.24	26
E	甘肅省	27.58	12.07	11.49	11.20	51.72	19.13	27
	貴州省	15.52	17.24	11.49	8.62	58.62	18.96	28
	寧夏省	26.72	3.44	2.29	7.75	72.41	17.06	29
	青海省	18.96	3.45	8.04	12.07	55.17	16.72	30

資料來源：本研究整理

附　　註：組別之分類以綜合分數為評比指標，綜合分數80~100分為A級，79~60分為B級，59~40分為C級，39~20分為D級，19~0分為E級。

A級省市之競爭力分析

　　A級省市有上海、廣東、山東、江蘇，和前幾年比較均為A級城市，除上海名次有明顯上升外，其餘城市皆無大變動。

　　上海位於長江三角洲，以豐富資源為背景，再加上指標分數以財政條件和就業條件為高，顯示大陸積極投入金融及就業建設，因此今年度排名上升許多。

　　廣東省今年度排名下降，由以下報導可知係因其它省市積極發展導致，分散外

■表12-3 中國大陸各省與直轄市競爭力近四年排名變化分析

組別	省市	加權分數	2004排名	2003年排名	2002年排名	2001年排名
A	上海市	87.24	1	5	5	2
A	廣東省	85.69	2	1	1	1
A	山東省	82.50	3	3	3	6
A	江蘇省	80.25	4	2	2	3
B	遼寧省	77.67	5	7	6	8
B	北京市	74.39	6	10	8	4
B	浙江省	74.05	7	4	4	5
B	河北省	69.13	8	6	7	10
B	湖北省	62.93	9	11	10	12
B	黑龍江	61.81	10	14	14	11
C	河南省	59.22	11	8	9	14
C	四川省	55.25	12	9	11	16
C	天津市	54.22	13	17	15	7
C	福建省	53.87	14	13	12	9
C	湖南省	53.53	15	12	13	17
C	吉林省	46.46	16	21	19	13
C	陝西省	43.10	17	18	18	19
C	山西省	42.41	18	20	21	18
D	安徽省	39.91	19	15	16	22
D	新疆省	39.22	20	24	24	15
D	江西省	36.29	21	22	23	26
D	內蒙古	35.60	22	25	25	25
D	雲南省	33.19	23	16	17	21
D	廣西省	28.70	24	19	20	24
D	重慶市	28.62	25	23	22	23
D	海南省	22.24	26	28	27	20
E	甘肅省	19.13	27	27	28	27
E	貴州省	18.96	28	26	26	28
E	寧夏省	17.06	29	30	30	—
E	青海省	16.72	30	29	29	—

資料來源：本研究計算整理，陳麗瑛（2003），呂鴻德（2002），林祖嘉（2001）。
附　　註：1. 2004年之原始統計資料出自中國統計年鑑2003。
　　　　　2. 加權分數計算公式同城市之計算公式。

商投資影響所致。廣東省社會科學院企業管理與決策科學研究所所做的一份關於區域競爭力比較的研究課題表明（所長林平凡於2003年10月28日公布）：浙江、江蘇近年來在吸引外資方面增勢很猛，但就現階段而言，在廣東設立公司的世界500強數量是浙江的2.7倍，而500強在廣東所設立的企業數是浙江的3.5倍。因此廣東在吸引世界級企業投資方面仍有明顯的優勢，今年仍可維持其競爭優勢係無庸置疑。

　　總體而言，A級省市之分數差距僅7分左右，差異不大，也表示競爭強烈，在此屬於良性競爭。

B級省市之競爭力分析

　　B級省市排名從5到10，分別為遼寧、北京、浙江、河北、湖北、黑龍江六省市。其中以浙江排名滑落最大，主係就業條件本年度大幅下降，導致排名滑落幅度極大，和排名上升的北京不相上下，相反地，北京則係以就業條件大力拉升排名名次。顯示浙江有勞工外流現象，而北京地區競爭力受到基礎建設影響滑落。

　　排名中，黑龍江的崛起令人注意，但是分數和第5名（B級省市第1名）差異仍屬大，約15分之級距。B級省市分數從浙江省以下分數差距較大，顯示B級省市中各省市除北京、浙江省外，其餘省市間各自形成等級差異。

C級省市之競爭力分析

　　C級省市有河南、四川、天津、福建、湖南、吉林、陝西、山西，共計8省市。分數從42.41到59.22，差距有16分之差。下滑城市分別為河南省、四川省、福建省、湖南省，上升城市為天津市、吉林省、陝西省、山西省。沿海省市下滑，內陸省市上升，就指標來看，內陸城市是以基礎條件分數高，投資條件和經濟條件仍較沿海省市落後。此可能係因內陸城市期末總人口數（延續前4年研究採戶籍人口數）多於沿海期末總人口數所致。

D級省市之競爭力分析

　　D級城市共計8省，分數從22.24到39.91，差距約18分，大於前三級省市差距分數。上升省市有新疆省、江西省、內蒙古、海南省，而下降省市則為安徽省、雲南省、廣西省。就各項指標而言，上升省市以就業條件分數較高，下降省市在此指標分數低落。因此省市如何吸引外資、發展就業機會，是提升競爭力的關鍵因素之一。

E級省市競爭力分析

　　E級城市共計4省，分數從16.72到19.13，差距僅2.91。和前幾年研究排名無太大變化。就各指標分析，以就業條件分數最高，再由其次級資料分析，除期末在崗職工人數較多外，高薪資水準是最主要之影響。

　　整體而言，以東部、南部省市之競爭力優於西部和北部，開發早、交通便利

性、擁有較優良投資環境等都是影響主因，形成之良性循環投資環境吸引更多外資進駐，造就年排名間並無多大變動，最好實例為上海市，上海係以投資環境增加國際名聲，再以優秀投資環境創造區域競爭力，建立國際競爭力。

中國大陸區域總體競爭力分析

本段是分析中國大陸各地區總體競爭力，仍按照先前劃分之區域，分為華南地區、華東地區、華北地區、華中地區、東北地區、西南地區、西北地區七大區塊，計算其競爭力及排名，請詳表12-4、12-5。

表12-4之平均分數仍係以前提及之研究方法分析，因區域僅七地區作為比較分析，故各基本指標落於百分位後之級距分數差異極大，其中華南地區因基礎條件中之總人口、每萬人高等學校在學學生數及每萬人醫生數均為各地區最少者，因此轉換後落於百分比之數值為零，影響其平均分數，導致平均分數僅4.17，西北地區財政條件及投資條件同此理，因此平均分數為零。以所有構面加權平均後和往年排名比較，並無明顯不合理之差異。

■表12-4　大陸各地區競爭力分析結果

地區	基礎條件		財政條件		投資條件		經濟條件		就業條件		加權分數	排名
	平均分數	排名	平均分數	排名	平均分數	排名	平均分數	排名	平均分數	排名		
華南地區	4.17	7	50.00	4	55.55	4	54.17	3	5.55	7	0.4167	4
華東地區	62.50	2	83.33	2	100.00	1	95.83	1	44.44	5	0.8417	2
華北地區	95.83	1	100.00	1	77.77	2	87.50	2	88.89	1	0.8750	1
華中地區	62.50	2	66.66	3	61.11	3	50.00	4	72.22	2	0.6041	3
東北地區	45.83	5	33.33	5	22.22	6	41.66	5	55.55	3	0.3708	5
西南地區	33.33	6	16.66	6	33.33	5	12.50	6	38.89	6	0.2541	6
西北地區	45.83	4	0.00	7	0.00	7	8.33	7	44.44	4	0.1375	7

資料來源：本研究計算整理
附　　註：加權分數計算公式同城市之計算公式。

由表12-5分析出近4年來前3名排名並無多大變化，只有華北地區提升，和華東地區分數差異不大，由細項指標分析，可知基礎條件、財政條件，今年度華北地區皆高於華東地區，顯示華北政府正積極投入開發建設。另外，華中地區本年度分數低落，主係經濟條件稀釋了整體分數，但是就華中地區而言，其餘指標仍較上列兩地區分數低落。華南地區係以基礎條件稀釋整體競爭力，主係因基礎條件中之期末總人口、每萬人高等學校在學學生數及每萬人醫生數小於其它區域所致。

■表12-5　中國大陸區域競爭力近四年排名變化分析

地區	加權分數	2004排名	2003年排名	2002年排名	2001年排名
華北地區	87.50	1	3	2	2
華東地區	84.17	2	1	1	1
華中地區	60.41	3	2	3	4
華南地區	41.67	4	5	4	3
東北地區	37.08	5	4	6	6
西南地區	25.41	6	6	5	5

資料來源：本研究計算整理，陳麗瑛（2003），呂鴻德（2002），林祖嘉（2001）。

　　最後東北、西南、西北地區總體競爭力低落和前幾期之研究並無極大變動。也再次驗證地區良好之競爭環境和外部資源投入會形成良性循環，對外資投入資本有極大影響。

13 中國大陸整體投資環境分析

　　本研究的研究目的乃是比較中國大陸主要城市投資環境差異與歷年投資環境評估比較，在進行比較之前，應對所有回收樣本進行整體評估，以瞭解各個環境指標之整體優劣、各個風險指標之整體營運狀況指標優劣。整體分析可作成各城市比較之基礎，在此將分為整體投資環境與整體投資風險部分來加以評估。

　　本研究投資環境的指標有7個，包括自然環境、基礎建設、公共設施、社會環境、法制環境、經濟環境、及經營環境。經由專家問卷評比結果，各指標權數如表13-1所示。

■表13-1　投資環境構面權重

投資環境構面	權　數	構面指標題數
1. 自然環境	5%	4
2. 基礎建設	15%	8
3. 公共設施	10%	5
4. 社會環境	10%	5
5. 法制環境	30%	13
6. 經濟環境	15%	10
7. 經營環境	15%	10
合　計	100%	55

資料來源：本研究整理

　　整體而言，台商對於大陸自然環境與基礎建設最為滿意，可見得台商對大陸投資環境的條件基本上是滿意的。除了充裕的勞力供應、相關設施成本低廉外，市場的開發潛力更是台商所感到較滿意的部分。

　　而回顧過去5年的資料，台商對大陸城市投資環境較為滿意的項目中以「當地地理位置及條件」5年來均位居榜首最為醒目，5年來台商均滿意的投資環境包括：「當地的天氣及氣候條件優良」、「當地海、陸、空運交通運輸便利」、「當地郵電通訊設備」、「當地基層勞力供應充裕」、「當地民眾歡迎台商投資設廠的程度高」、「當地土地取得價格合理」；在2002年與2003年調查時台商對於「當地的經濟成長快速」、「當地水力供應情形」均感到滿意，然而本年度的調查中已未再出

現；而在本年度的調查中，台商新增對「當地的市場開發潛力高」、「當地飲食條件良好」這兩項投資環境感到滿意。

台商對大陸投資環境評估，5年來普遍感到不滿意的項目，在2000年首推「當地資金融資不易」，到了2001年則是對「當地官員操守清廉程度」感到不滿意，而最近3年則換成「當地政府對智慧財產權重視程度低」感到不滿。5年來投資環境一直為台商所不滿意的項目包括：「當地資金融資不便利」、「當地利潤匯出不便利」「當地金融機構的國際化程度」、「當地解決糾紛的管道」；過去「當地的勞工、工安、消防、衛生檢查行政效率低」、「當地稅務機關的行政效率」、「當地官員操守清廉程度」、「當地執法公正性」等4項投資環境項目是台商普遍認為不滿意的，但未再出現於2004年的不滿意項目中，同時過去台商普遍對於政府機關的行政效率（包括稅務、海關、及工商管理單位等）表達不滿，2004年這樣的抱怨似乎較少了；「當地固體廢棄物處理設備」曾經是2001年台商抱怨的項目，在2002年與2003年均未出現於不滿意的排行中，但2004年再度躍居不滿意排名的第4位。過去4年未曾出現而2004年新增的不滿意項目則是：「當地的醫療衛生條件」、「當地金融機構的效率」等項（如表13-2）。

衡諸過去5年的資料（如表13-3），浙江省的蕭山市繼2003年之後繼續蟬聯中國大陸投資環境排行的第1名；揚州在2000年調查時排名第4，但在2001年與2000年的調查都未能進入前10名，而在2003年的調查中重回第6名，今年更躍居第2名；由於2004年的研究城市區分單位更為詳細，因此2003年排名第7的無錫，2004年無錫市區的排名雖大幅滑落至35名，然而江陰市的表現卻十分亮眼，首次排名就高居第3名；此外成都的表現亦令人矚目，從2003年的29名大躍進至2004年的第4名；上海市的閔行地區從上海獨立為一區後，獲得第5名的排行，使得上海地區自2001年進入投資環境前10名之後，一直維持在前10名之內的城市。而2004年前10名新進榜的城市還包括：徐州（第6名）、嘉興（第7名）和南昌（和蘇州昆山並列第9名）；汕頭則持續的進步，2004年再度前進兩個名次與嘉興並列第7名；蘇州昆山的表現也一直不錯，在2000年時排名第12名，在2001年與2002年都居第4名，雖然2003年落居18名，仍為A級城市，今年已然重回第9名的位置。

以下幾個城市，雖然不在10名的名單內，但其進步幅度卻值得關注。大連在2003年的排名為23名，2004年超越青島進步到第12名；天津市在2003年的排名為第49名，2004年進步到第11名；山東省濟南2003年的排名僅居第42名，2004年也進步到19名。

■表13-2 2004年中國大陸投資環境細項指標評估分析

投資環境評估構面	本研究 （2004）	陳麗瑛 （2003）	呂鴻德 （2002）	林祖嘉 （2001）	林震岩 （2000）	五年度 平均
投資環境指標總平均	**3.21**	**3.26**	**3.22**	**3.13**	**3.01**	**3.17**
一、自然環境	**3.46**	**3.58**	**3.65**	**3.67**	**3.48**	**3.57**
1）當地地理位置適合企業發展的條件	3.56	3.77	3.85	3.81	3.86	**3.77**
2）當地天氣及氣候適合企業發展的條件	3.52	3.61	3.65	3.62	3.61	**3.60**
3）當地水資源、礦產資源豐富程度	3.35	3.41	3.36	3.55	3.41	**3.42**
4）當地土地取得價格的合理程度	3.40	3.52	3.73	3.69	3.67	**3.60**
整體而言，當地的自然環境條件評比	**3.51**	**3.62**	**3.69**	—	—	**3.61**
二、基礎建設	**3.28**	**3.38**	**3.34**	**3.32**	**3.39**	**3.34**
1）當地海、陸、空交通運輸便利程度	3.52	3.65	3.70	3.49	3.48	**3.57**
2）當地的郵電、通訊設備完善程度	3.45	3.58	3.63	3.41	3.41	**3.50**
3）當地電腦資訊、網路建設完善程度	3.36	3.46	3.36	3.08	3.20	**3.29**
4）當地水電、能源、燃料供應完備程度	3.20	3.50	3.52	3.43	3.34	**3.40**
5）當地污水處理設備完善程度	3.04	3.08	3.01	2.92	—	**3.01**
6）當地固體廢棄物處理設備完善程度	3.02	3.05	2.95	2.86	—	**2.97**
7）當地的倉儲物流處理能力	3.22	3.26	3.09	—	3.41	**3.25**
8）未來總體發展及建設規劃完善程度	3.39	3.47	3.47	—	—	**3.44**
整體而言，當地的基礎建設評比	**3.35**	**3.44**	**3.47**	—	—	**3.42**
三、公共設施	**3.19**	**3.23**	**3.05**	**3.15**	**2.91**	**3.11**
1）當地的食衣住行便利	3.41	3.42	3.38	3.39	3.31	**3.38**
2）當地的醫療衛生條件	3.03	3.07	2.85	2.83	2.82	**2.92**
3）當地的教育機構提供條件	3.13	3.20	3.01	2.99	2.99	**3.06**
4）當地的休閒娛樂設施提供條件	3.16	3.20	3.04	—	3.04	**3.11**
5）當地的城市建設的國際化程度	3.24	3.26	3.02	—	2.83	**3.09**
整體而言，當地的公共設施評比	**3.28**	**3.27**	**3.13**	—	—	**3.23**
四、社會環境	**3.17**	**3.24**	**3.18**	**3.22**	**3.17**	**3.20**
1）當地的社會治安	3.20	3.28	3.17	3.23	3.16	**3.21**
2）當地民眾生活素質及文化水平程度	3.07	3.08	2.99	3.05	2.99	**3.04**
3）當地民風淳樸且政府開明程度	3.16	3.23	3.16	—	3.28	**3.21**
4）當地民眾的國際觀程度	3.03	3.08	2.89	—	—	**3.00**
5）民眾對台商在當地投資設廠態度	3.41	3.56	3.70	3.57	3.58	**3.56**
整體而言，當地的社會環境評比	**3.28**	**3.31**	**3.23**	—	—	**3.27**
五、法制環境	**3.01**	**3.01**	**2.93**	**2.92**	**2.76**	**2.93**
1）行政命令與國家法令的一致性程度	3.08	3.13	2.94	3.02	2.88	**3.01**
2）當地的政策優惠條件	3.25	3.21	3.19	—	—	**3.22**
3）政府與執法機構秉持公正執法態度	3.09	2.98	2.86	—	2.68	**2.90**
4）當地解決糾紛的管道完善程度	3.02	2.98	2.85	2.81	2.67	**2.87**
5）當地的工商管理機關行政效率	3.10	3.05	2.98	2.96	2.74	**2.97**
6）當地的稅務機關行政效率	3.07	2.92	2.88	2.88	2.68	**2.89**
7）當地的海關行政效率	3.06	3.00	2.83	2.80	2.76	**2.89**
8）勞工、工安、消防、衛生行政效率	3.05	2.99	2.84	2.86	2.76	**2.90**
9）當地的官員操守清廉程度	3.02	2.88	2.84	2.75	2.58	**2.81**
10）當地的地方政府對台商友善程度	3.33	3.31	3.42	3.41	3.39	**3.37**
11）當地環保法規規定適宜且合理程度	3.10	3.04	3.06	—	—	**3.07**

■表13-2　（續）2004年中國大陸投資環境細項指標評估分析

12）當地政府政策穩定性及透明度	3.06	2.97	2.85	—	—	2.96
13）當地政府對智慧財產權重視的態度	2.90	2.78	2.65	—	—	2.78
整體而言，當地的法制環境評比	3.15	2.99	2.94	—	—	3.03
六、經濟環境	3.13	3.12	3.07	—	2.92	3.06
1）當地民眾生活條件及人均收入狀況	3.08	3.07	3.22	—	—	3.12
2）當地的經濟建設程度	3.25	3.53	3.68	—	3.72	3.55
3）當地的金融措施完善的程度	3.13	3.13	3.17	—	3.07	3.13
4）當地金融機構的國際化程度	3.01	3.01	2.99	—	—	3.00
5）當地的資金匯兌便利程度	3.04	3.00	2.80	—	—	2.95
6）當地的資金融資便利程度	2.97	2.93	2.90	—	2.68	2.87
7）當地的利潤匯出便利程度	3.02	2.88	2.68	—	2.42	2.75
8）當地政府的財政稅收穩定程度	3.18	3.03	2.71	—	2.52	2.86
9）政府允許外商經營類型多元化程度	3.26	3.21	3.22	—	—	3.23
10）當地政府改善投資環境積極程度	3.32	3.41	3.24	—	3.17	3.29
整體而言，當地的經濟環境評比	3.25	3.23	3.13	—	—	3.20
七、經營環境	3.25	3.29	3.26	—	3.04	3.21
1）當地的基層勞力供應充裕程度	3.47	3.70	3.82	—	3.78	3.69
2）當地的專業人才甄補容易程度	3.15	3.31	3.13	—	2.88	3.12
3）當地的員工之工作態度及價值觀	3.07	3.09	2.98	—	—	3.05
4）當地外資企業之勞資關係和諧程度	3.28	3.25	3.31	—	—	3.28
5）整體成本與相關設施成本合理程度	3.30	3.35	3.33	—	3.20	3.30
6）當地原物料或半成品取得容易程度	3.24	3.33	3.28	—	3.04	3.22
7）形成上、下游產業供應鏈完整程度	3.24	3.27	3.29	—	—	3.27
8）當地的技術與研發水平	3.09	3.10	2.93	—	2.84	2.99
9）當地的市場未來發展潛力	3.45	3.38	3.52	—	3.32	3.42
10）同業間公平且正當競爭的環境條件	3.25	3.04	2.91	—	—	3.07
整體而言，當地的經營環境評比	3.31	3.32	3.38	—	—	3.34
七個投資環境構面，當地投資環境評比	3.32	—	3.42	—	3.27	3.34

資料來源：本研究整理

■表13-3　2000年至2004年前十名城市投資環境排名變化分析

排名	本研究（2004）	陳麗瑛（2003）	呂鴻德（2002）	林祖嘉（2001）	林震岩（2000）
1	杭州蕭山	蕭山	蘇州市區	吳江	嘉定
2	揚州	青島	蘇州昆山	寧波	蕭山
3	無錫江陰	漳州	揚州	杭州	奉化
4	成都	寧波市區	無錫	昆山	揚州
5	上海閔行	中山	杭州蕭山	奉化	餘姚
6	徐州	揚州	寧波奉化	上海	蘇州
7	嘉興	無錫	寧波市區	無錫	杭州
8	汕頭	蘇州市區	上海市區	蘇州	寧波
9	蘇州昆山	汕頭	杭州市區	鎮江	吳江
10	南昌	上海市區	上海浦東	溫州	武漢

資料來源：本研究整理

表13-4 中國大陸區域投資環境分析（依城市區分）

■表13-4 中國大陸區域投資環境分析（依城市區分）

排名	城市	省份	區域	樣本數	自然環境	基礎建設	公共設施	社會環境	法制環境	經濟環境	經營環境	整體環境	加權程度	陳麗瑛(2003)排名	呂鴻德(2002)排名	林祖嘉(2001)排名	林震岩(2000)排名
1	杭州蕭山	浙江省	華東地區	39	4.04	4.08	3.86	3.95	3.95	3.87	3.73	3.92	3.92	1	5	29	2
2	揚州	江蘇省	華東地區	27	3.81	3.88	3.66	3.65	3.53	3.78	3.77	3.70	3.70	6	3	18	4
3	無錫江陰	江蘇省	華東地區	17	4.04	3.76	3.61	3.84	3.58	3.65	3.43	3.65	3.65	—	—	32	22
4	成都	四川省	西南地區	33	3.98	3.74	3.65	3.52	3.59	3.44	3.63	3.61	3.61	29	25	6	17
5	上海閔行	上海市	華東地區	15	3.75	3.76	3.97	3.66	3.29	3.49	3.40	3.54	3.54	19	8	—	—
6	徐州	江蘇省	華東地區	28	3.75	3.61	3.29	3.39	3.57	3.44	3.65	3.53	3.53	—	—	—	—
7	嘉興	浙江省	華東地區	17	3.72	3.44	3.41	3.66	3.54	3.59	3.37	3.52	3.52	—	—	40	28
7	汕頭	廣東省	華南地區	40	3.66	3.55	3.55	3.28	3.55	3.53	3.49	3.52	3.52	9	28	4	12
9	蘇州昆山	江蘇省	華東地區	128	3.60	3.49	3.45	3.44	3.39	3.44	3.49	3.45	3.45	18	2	—	—
9	南昌	江西省	華中地區	17	3.62	3.40	3.38	3.58	3.50	3.34	3.62	3.40	3.45	—	—	19	14
11	天津市	天津市	華北地區	25	3.36	3.43	3.21	3.48	3.32	3.32	3.40	3.36	3.36	42	19	25	17
12	大連	遼寧省	華北地區	25	3.40	3.47	3.44	3.54	3.27	3.28	3.24	3.35	3.35	15	11	14	13
13	青島	山東省	華北地區	22	3.43	3.41	3.35	3.43	3.26	3.16	3.48	3.34	3.34	2	14	—	—
14	漳州	福建省	華南地區	27	3.62	3.34	3.17	3.35	3.37	3.31	3.18	3.32	3.32	3	20	28	25
15	珠海	廣東省	華南地區	20	3.55	3.36	3.29	3.34	3.24	3.23	3.40	3.31	3.31	17	33	8	6
16	蘇州太倉	江蘇省	華東地區	15	3.75	3.36	3.04	3.52	3.27	3.19	3.31	3.30	3.30	—	1	21	18
17	南京市區	南京市	華東地區	16	3.8	3.51	3.24	3.31	3.13	3.19	3.36	3.29	3.29	25	22	22	23
18	常州	江蘇省	華東地區	15	3.43	3.32	3.37	3.32	3.26	3.21	3.43	3.32	3.28	27	37	31	—
19	濟南	山東省	華北地區	21	3.32	3.29	3.10	3.45	3.21	3.26	3.33	3.27	3.27	34	36	8	6
20	蘇州市區	江蘇省	華東地區	82	3.73	3.39	3.19	3.27	3.14	3.21	3.38	3.26	3.26	8	1	2	8
20	寧波市區	浙江省	華東地區	32	3.52	3.23	3.33	3.35	3.22	3.22	3.22	3.26	3.26	4	7	—	—
20	紹興	浙江省	華東地區	15	3.31	3.14	3.24	3.6	3.22	3.35	3.25	3.26	3.26	—	—	—	3
23	莆田	福建省	華南地區	30	3.36	3.26	3.18	3.21	3.26	3.21	3.28	3.25	3.25	30	50	5	16
23	寧波奉化	浙江省	華東地區	30	3.33	3.18	3.09	3.18	3.36	3.20	3.26	3.25	3.25	—	6	6	3
23	上海郊區	上海市	華東地區	17	3.38	3.42	3.46	3.29	3.07	3.23	3.15	3.25	3.25	31	8	13	16
23	桂林	廣西省	西南地區	15	3.3	3.03	3.34	3.24	3.11	3.26	3.22	3.25	3.25	—	17	—	16
27	南通	江蘇省	華東地區	26	3.28	3.22	3.12	3.43	3.22	3.11	3.28	3.22	3.22	10	—	6	5
28	上海市區	上海市	華東地區	217	3.41	3.31	3.39	3.28	3.00	3.18	3.11	3.20	3.20	46	8	11	20
29	寧波餘姚	浙江省	華東地區	18	3.22	3.21	3.16	3.14	3.23	3.16	3.29	3.18	3.18	14	29	16	5
29	廈門	福建省	華南地區	53	3.41	3.29	3.23	3.24	3.00	3.14	3.17	3.18	3.18	20	15	36	20
31	重慶	重慶市	西南地區	17	3.66	3.37	3.30	3.12	3.00	3.08	3.27	3.17	3.17	22	45	20	-
32	北京市區	北京市	華北地區	28	3.32	3.32	3.21	3.20	3.07	3.14	3.34	3.14	3.14	—	23	—	15
32	東莞厚街	廣東省	華南地區	22	3.38	3.21	3.21	3.15	3.00	3.00	—	3.14	3.14	—	—	—	—

■ 表13-4　（續）中國大陸區域投資環境分析（依城市區分）

排名	城市	省份	地區	樣本數	自然環境	基礎建設	公共設施	社會環境	法制環境	經濟環境	經營環境	加權滿意	綜合	排名	排名	排名	排名
34	江門	廣東省	華南地區	16	3.56	3.17	3.18	3.12	3.06	2.94	3.26	3.13	3.13	—	—	—	—
35	上海浦東	上海市	華東地區	24	3.42	3.41	3.29	3.19	2.90	2.92	3.20	3.12	3.12	11	10	6	16
35	中山	廣東省	華南地區	29	3.58	3.26	3.25	3.07	2.93	2.92	3.33	3.12	3.12	5	16	27	26
35	無錫市區	江蘇省	華東地區	24	3.33	3.11	3.11	3.24	3.00	3.08	3.28	3.12	3.12	7	4	7	11
35	南寧	廣西省	西南地區	15	3.22	3.06	2.95	3.07	3	2.98	3.19	3.12	3.12	38	48	24	—
39	上海松江	上海市	華東地區	25	3.37	3.29	3.12	3.26	2.93	3.03	3.17	3.11	3.11	23	8	6	17
40	東莞長安	廣東省	華南地區	55	3.17	3.03	3.05	3.06	3.1	3.17	3.1	3.10	3.10	51	49	44	31
41	武漢	湖北省	華中地區	18	3.09	3.26	3.17	3.07	3.09	2.93	3.03	3.09	3.09	26	34	30	10
41	河源	廣東省	華南地區	18	3.03	3.11	3.14	3.00	3.05	3.22	3.09	3.09	3.09	—	—	—	—
43	蘇州吳江	江蘇省	華東地區	31	3.47	3.20	3.01	3.15	2.98	3.01	3.09	3.08	3.08	36	12	1	9
43	上海嘉定	上海市	華東地區	16	3.18	3.43	3.27	3.11	2.87	2.96	3.08	3.08	3.08	24	8	6	17
45	昆明	雲南省	西南地區	17	3.08	3.16	3.15	3.06	2.99	3.03	3.12	3.07	3.07	—	38	26	—
45	佛山	廣東省	華南地區	16	3.34	2.96	3.09	3.09	2.96	3.15	3.29	3.07	3.07	45	31	33	21
47	北京郊區	北京市	華北地區	15	3.29	3.18	3.2	3.06	2.89	3.12	3.06	3.03	3.03	—	—	—	—
48	長沙	湖南省	華中地區	16	3.16	3.02	2.99	3.01	2.94	2.82	3.12	2.99	2.99	—	—	—	—
49	杭州市區	浙江省	華東地區	16	3.29	3.02	2.92	2.90	2.92	2.98	3.04	2.98	2.98	16	9	3	7
50	東莞石碣	廣東省	華南地區	32	3.28	3.05	2.92	2.79	2.90	2.82	3.20	2.97	2.97	50	49	44	31
51	廣州市區	廣東省	華南地區	39	3.38	3.02	3.08	2.94	2.85	3.02	3.14	2.96	2.96	35	44	38	24
51	東莞清溪	廣東省	華南地區	21	3.25	3.08	2.93	2.77	2.98	2.85	2.99	2.96	2.96	44	49	44	31
51	深圳市區	廣東省	華南地區	152	3.29	3.10	3.00	2.84	2.78	2.90	3.15	2.96	2.96	40	42	39	29
54	東莞其他	廣東省	華南地區	46	3.23	3.03	2.86	2.78	2.91	2.89	3.02	2.94	2.94	53	49	44	31
54	深圳郊區	廣東省	華南地區	25	3.19	2.96	2.97	2.79	2.91	2.80	3.13	2.94	2.94	41	42	39	29
56	深圳寶安	廣東省	華南地區	36	3.30	3.06	2.92	2.81	2.77	2.94	3.06	2.93	2.93	49	46	39	29
57	深圳龍崗	廣東省	華南地區	15	3.36	3.03	2.87	2.73	2.81	2.91	2.98	2.91	2.91	43	40	39	29
58	惠州	廣東省	華南地區	18	3.27	3.04	2.88	2.75	2.75	2.78	3.09	2.89	2.89	21	21	34	33
59	福州市區	福建省	華南地區	21	3.12	3.12	2.72	2.49	2.69	2.89	2.96	2.83	2.83	28	27	31	30
60	東莞虎門	廣東省	華南地區	19	3.21	3.02	2.93	2.70	2.54	2.83	3.00	2.81	2.81	37	49	44	31
61	東莞樟木頭	廣東省	華南地區	245	3.22	2.78	2.62	2.52	2.81	2.56	3.01	2.77	2.77	—	49	44	31
62	東莞市區	廣東省	華南地區	16	3.38	2.89	2.56	2.60	2.65	2.74	2.89	2.76	2.76	48	49	44	31
63	泉州	福建省	華南地區	21	3.01	2.83	2.79	2.69	2.53	2.62	2.80	2.70	2.70	52	49	44	—
63	保定	河北省	華北地區	15	3.09	2.86	2.70	2.60	2.56	2.61	2.86	2.70	2.70	—	43	—	—
65	泰州	江蘇省	華東地區	15	3.01	2.06	2.76	2.54	2.27	2.29	1.94	2.31	2.31	54	—	—	—

資料來源：本研究整理

附　　註：（1）加權滿意程度＝自然環境×5%＋基礎建設×15%＋公共設施×10%＋社會環境×10%＋法制環境×30%＋經濟環境×15%＋經營環境×15%。
　　　　　（2）問卷給分如下：「非常同意」5分，「同意」4分，「沒意見」3分，「不同意」2分，「非常不同意」1分。

蘇州是在過去4年的投資調查中皆名列前茅，但今年的調查中退步到第20名；蘇州的吳江市在前3年一直維持在前10名內，但最近2年已退出10名榜外，2004年更退居43名；杭州在前2年的評估有不錯的表現，最近3年也未再進入前10名，今年更退至49名；青島是在2003年調查時，其投資環境之優越高居所有城市的第2位，但今年只獲得第13名的成績，落在大連之後；無錫在2001年與2003年都名列第7，今年則落居第38名；與無錫相同的是廣東省中山縣，雖然在2002年與2003年的調查中均位居第5名，今年的投資環境則退步到第38名；廈門的投資環境則一直在10名前後徘徊（2001年第16名，2002年第6名，2003年第14名），然2004年也下滑至第29名。

14 中國大陸整體投資風險分析

　　本研究問卷調查中採用的風險因素指標有4個，包括社會風險、法制風險、經濟風險、及經營風險。與2003年相比，指標的種類與權數相同，不過各項風險項目中的細項略有調整，但整個內容與2003年仍十分接近，故風險指標可以與2003年直接加以比較。至於在細項風險指標中，社會風險含有4個問項，法制風險有10個問項，經濟風險有11個問項，經營風險有13個問項，全部共有38個問項（如表14-1）。

■表14-1　投資風險構面權重

投資環境構面	權　　數	構面指標題數
1. 社會風險	10%	4
2. 法制風險	35%	10
3. 經濟風險	20%	11
4. 經營風險	35%	13
合　計	100%	38

資料來源：本研究整理

　　2004年台商對中國大陸投資風險的評估，經加權平均後為2.76，略高於陳麗瑛（2003）所做的調查（2.67），但仍低於2002年的風險（3.01）。在四項投資風險整體評估的高低順序，分別為法制風險、經濟風險、經營風險與社會風險，各個構面所得到的分數均呈現高於2003年所做的調查，低於2002年的趨勢，結果整理如表14-2、14-3所示。

　　在各風險構面方面，社會風險得分最低，只有2.70，與2003年的2.57相比上升了。因此大陸地方政府在吸引台商時，有必要在社會風險上努力改善。

　　法制風險得分2.79，和前文法制環境大幅改善的結果加以比較，顯示台商雖然對於中國大陸的法制環境改善程度給予正面的評價，但同時也透露出中國大陸在法制方面仍有進步的空間。在各細項問題中，以當地企業及人民對法令不重視不遵守的風險最為嚴重（2.82），其次為當地企業及人民對合同規範不重視（2.81）、當地官員對法令認知常有不同（2.81）、無法有效執行司法及仲裁的風險（2.81）。

　　經濟風險的平均得分為2.79，此結果顯示，台商除了法制風險之外，對於經濟環境不確定所產生的風險疑慮也高。在各細項風險當中，各台商的評估也有很大差

■表14-2　2004年中國大陸投資風險細項指標評估分析

投資環境評估構面	本研究 (2004)	陳麗瑛 (2003)	呂鴻德 (2002)	林祖嘉 (2001)	林震岩 (2000)	五年度 平均
投資風險指標總平均	*2.76*	*2.67*	*3.01*	*3.14*	*3.14*	*2.94*
一、社會風險	*2.70*	*2.57*	*2.77*	*2.86*	*2.85*	*2.75*
1）勞工抗議、抗爭事件頻繁發生的風險	2.59	2.48	2.54	2.77	2.80	2.64
2）當地的外來民工造成社會問題風險	2.71	2.59	2.85	2.95	2.95	2.81
3）發生勞資或經貿糾紛不易排解風險	2.72	2.63	2.85	3.00	2.92	2.82
4）當地人身財產安全受到威脅的風險	2.76	2.57	2.86	2.92	2.93	2.81
整體而言，當地的社會風險程度	*2.71*	—	*2.86*	—	—	*2.79*
二、法制風險	*2.79*	*2.70*	*3.13*	*3.14*	*3.22*	*3.00*
1）當地的行政命令經常變動的風險	2.79	2.67	3.16	3.21	3.33	3.03
2）當地企業及人民對法令不重視不遵守風險	2.82	2.78	3.29	3.13	3.21	3.05
3）當地企業及人民對合同規範不重視風險	2.81	2.76	3.28	3.13	3.21	3.04
4）官員對法令認知及執行不一致風險	2.81	2.76	3.21	2.96	3.08	2.96
5）當地政府的協商過程難以掌控風險	2.80	2.74	3.17	3.19	3.28	3.04
6）政府調解糾紛對台商不公平程度	2.76	2.63	2.97	3.00	—	2.84
7）司法仲裁機構對台商不公平程度	2.78	2.66	3.02	—	—	2.82
8）機構無法有效執行司法及仲裁風險	2.81	2.71	3.03	—	—	2.85
9）當地政府要求不當回饋過高或頻繁	2.78	2.68	2.96	3.08	3.17	2.93
10）常以刑事方式處理經濟案件的風險	2.75	2.62	2.97	3.59	—	2.98
整體而言，當地的法制風險程度	*2.79*	—	*3.12*	—	—	*2.96*
三、經濟風險	*2.79*	*2.74*	*3.23*	*3.33*	*3.21*	*3.06*
1）當地的物價波動頻繁的風險	2.64	—	2.99	2.99	3.06	2.92
2）當地的外匯管制措施嚴格的風險	2.82	2.80	3.48	3.60	—	3.18
3）當地的稅賦、規費變動頻繁的風險	2.77	2.66	3.09	3.14	3.27	2.99
4）當地的利潤匯出不易的風險	2.84	2.80	3.21	3.36	3.40	3.12
5）當地的資金籌措與取得困難的風險	2.89	2.82	3.40	3.59	3.58	3.26
6）銀行信用業務無法滿足台商需求	2.88	2.82	3.50	3.56	—	3.19
7）政府優惠政策變動頻繁不透明風險	2.79	2.75	3.09	2.88	2.91	2.88
8）政府對台商優惠政策兌現程度風險	2.75	2.70	2.99			2.81
9）當地經貿糾紛發生頻繁的風險	2.75	2.69	—	—	—	2.72
10）政府保護主義濃厚，企業營運不易	2.78	—	—	—	—	2.78
11）當地稅費、攤派、罰款頻繁的風險	2.81	2.69	—	—	—	2.75
整體而言，當地的經濟風險程度	*2.77*	—	*3.16*	—	—	*2.97*
四、經營風險	*2.77*	*2.65*	*2.97*	*3.10*	*3.11*	*2.92*
1）當地的水電燃氣供應不穩定的風險	2.80	2.51	2.80	2.94	3.00	2.81
2）當地的運輸狀況不易掌握的風險	2.63	2.52	2.76	2.86	2.95	2.74
3）當地跨省運輸不當收費頻繁的風險	2.74	2.64	3.05	—	—	2.81
4）當地的配套廠商供應不穩定的風險	2.70	2.63	2.93	3.08	3.09	2.89
5）當地的市場通路開拓困難的風險	2.77		2.80	2.99	3.02	2.90
6）企業信用不佳，欠債追索不易風險	2.95	2.67	3.09	3.18	3.10	3.00
7）適任的員工招募與留用不易風險	2.88	2.93	3.37	3.54	3.53	3.25
8）當地員工缺乏敬業精神與忠誠度	2.94	2.66	3.12	3.16	3.05	2.99
9）環境造成台商幹部流動率高風險	2.65	2.79	3.22	3.20	3.22	3.02
10）經營維持人際網絡成本過高風險	2.79	2.59	2.78	2.85	3.02	2.81
11）當地政府干預企業經營運作的風險	2.61	2.60	2.74	2.81	—	2.69
12）台商因經貿、稅務糾紛被羈押風險	2.74	2.61	2.88	3.19	3.21	2.93
13）當地海關通關行政障礙的風險	2.78	2.68	3.10	3.22	3.19	2.99
整體而言，當地的經營風險程度	*2.77*	—	*3.00*	—	—	*2.89*

資料來源：本研究整理

■表14-3　2004年與近五年研究投資風險差異分析

投資風險評估構面	本研究 （2004）	五年度 平均值	2004-五 年度差異	排名 ▲	排名 ▼	排名 —
一、社會風險						
1）勞工抗議、抗爭事件頻繁發生風險	2.59	2.64	-0.05	27	0	0
2）當地的外來民工造成社會問題風險	2.71	2.81	-0.10	20	0	0
3）發生勞資或經貿糾紛不易排解風險	2.72	2.82	-0.10	20	0	0
4）當地人身財產安全受到威脅的風險	2.76	2.81	-0.05	27	0	0
二、法制風險						
1）當地的行政命令經常變動的風險	2.79	3.03	-0.24	7	0	0
2）企業人民對法令不重視不遵守風險	2.82	3.05	-0.23	9	0	0
3）企業人民對合同規範不重視風險	2.81	3.04	-0.23	9	0	0
4）官員對法令認知及執行不一致風險	2.81	2.96	-0.15	16	0	0
5）當地政府的協商過程難以掌控風險	2.80	3.04	-0.24	7	0	0
6）政府調解糾紛對台商不公平程度	2.76	2.84	-0.08	23	0	0
7）司法仲裁機構對台商不公平程度	2.78	2.82	-0.04	31	0	0
8）機構無法有效執行司法及仲裁風險	2.81	2.85	-0.04	31	0	0
9）當地政府要求不當回饋過高或頻繁	2.78	2.93	-0.15	16	0	0
10）常以刑事方式處理經濟案件風險	2.75	2.98	-0.23	9	0	0
三、經濟風險						
1）當地的物價波動頻繁的風險	2.64	2.92	-0.28	6	0	0
2）當地的外匯管制措施嚴格的風險	2.82	3.18	-0.36	4	0	0
3）當地的稅賦、規費變動頻繁的風險	2.77	2.99	-0.22	12	0	0
4）當地的利潤匯出不易的風險	2.84	3.12	-0.28	6	0	0
5）當地的資金籌措與取得困難的風險	2.89	3.26	-0.37	1	0	0
6）銀行信用業務無法滿足台商需求	2.88	3.19	-0.31	5	0	0
7）政府優惠政策變動頻繁不透明風險	2.79	2.88	-0.09	22	0	0
8）政府對台商優惠政策兌現程度風險	2.75	2.81	-0.06	26	0	0
9）當地經貿糾紛發生頻繁的風險	2.75	2.72	0.03	0	2	0
10）政府保護主義濃厚企業營運不易	2.78	2.78	0.00	0	—	—
11）當地稅費、攤派、罰款頻繁的風險	2.81	2.75	0.06	0	1	0
四、經營風險						
1）當地的水電燃氣供應不穩定的風險	2.80	2.81	-0.01	34	0	0
2）當地的運輸狀況不易掌握的風險	2.63	2.74	-0.11	19	0	0
3）當地跨省運輸不當收費頻繁的風險	2.74	2.81	-0.07	25	0	0
4）當地的配套廠商供應不穩定的風險	2.70	2.89	-0.19	14	0	0
5）當地的市場通路開拓困難的風險	2.77	2.90	-0.13	18	0	0
6）企業信用不佳，欠債追索不易風險	2.95	3.00	-0.05	27	0	0
7）適任的員工招募與留用不易風險	2.88	3.25	-0.37	1	0	0
8）當地員工缺乏敬業精神與忠誠度	2.94	2.99	-0.05	27	0	0
9）環境造成台商幹部流動率高風險	2.65	3.02	-0.37	1	0	0
10）經營維持人際網絡成本過高風險	2.79	2.81	-0.02	33	0	0
11）當地政府干預企業經營運作的風險	2.61	2.69	-0.08	23	0	0
12）台商因經貿、稅務糾紛被羈押風險	2.74	2.93	-0.19	14	0	0
13）當地海關通關行政障礙的風險	2.78	2.99	-0.21	13	0	0

資料來源：本研究整理

■表14-4 2004年與近五年投資風險細項指標變化排名分析

投資風險構面	本研究 （2004）	近五年 平均值	2004與近 五年差異	下降 名次	細項指標排名			
					個數	▲	▼	一
一、社會風險	2.70	2.75	-0.05	4	4	4	0	0
二、法制風險	2.79	3.00	-0.21	2	10	10	0	0
三、經濟風險	2.79	3.06	-0.27	1	11	8	2	1
四、經營風險	2.77	2.92	-0.15	3	13	13	0	0
投資風險指標總平均	2.76	*2.94*	*-0.18*		38	35	2	1
百分比					*100*	*92.1*	*5.3*	*2.6*

資料來源：本研究整理

附　　註：2004與近五年差異分數為負，表2004年度投資風險細項指標分數下降，即台商評鑑此指標風險較去年低，即風險改善。

異，其中風險較低的項目為當地的物價水準（2.64）；風險較高的項目則分別是：「當地的資金籌措與取得困難的風險（2.89）」、「銀行信用業務無法滿足台商需求（2.88）」、「當地的利潤匯出不易的風險（2.84）」與「當地的外匯管制措施嚴格的風險（2.82）」。同時相較於法制風險，雖然台商認為風險一樣，但對於經濟風險較高項目的風險評估有比法制風險來得更高的傾向。

在經營風險方面加權平均值為2.77，較經濟風險與法制風險低，但高於社會風險。其中風險較低的項目包含：政府干預運作（2.61）、運輸狀況不易掌握（2.63）等兩項。而經營風險較高的項目包括：「企業信用不佳，欠債追索不易的風險（2.95）」、「當地員工缺乏敬業精神與忠誠度（2.94）」、「當地適任的員工招募與留用不易（2.88）」、與「當地的水電燃氣供應不穩定的風險（2.80）」。

2004年中國大陸投資風險各個評估構面所得到的風險分數，均低於5年平均值。在38個細項指標中，排名上升（風險降低）的指標有35個，佔所有指標92.1%，排名下降（風險提升）的指標有2個，佔所有指標的5.3%（見表14-4）。

若以總體的觀點比較2004年的投資風險與5年平均值發現，2004年中國大陸投資風險（2.76）仍低於5年平均值（2.90），各構面的風險值亦低於5年平均值（見表14-5）。

審視2004年中國大陸投資風險低於5年平均值的原因在於經濟、經營與法制風險的顯著降低（如表14-6）。風險下降最多的項目是經濟風險中的「當地的資金籌措與取得困難」，其次依序是經營風險中的「適任的員工招募與留用不易風險」與「環境造成台商幹部流動率高風險」；接下來是經濟風險中的「當地的外匯管制措施嚴格的風險」、「銀行信用業務無法滿足台商需求風險」、「當地的物價波動頻繁的風險」與「當地的利潤匯出不易的風險」；法制風險亦有5個項目進入風險降低

■表14-5 2004年與近五年投資風險平均觀點與總體觀點差異分析

投資風險 平均觀點	本研究 （2004）	近五年 平均值	2004與近 五年差異	投資風險 整體觀點	本研究 （2004）	五年度 平均值	2004與近 五年差異
一、社會風險	2.70	2.75	-0.05	一、社會風險	2.71	2.79	-0.08
二、法制風險	2.79	3.00	-0.21	二、法制風險	2.79	2.96	-0.17
三、經濟風險	2.79	3.06	-0.27	三、經濟風險	2.77	2.97	-0.2
四、經營風險	2.77	2.92	-0.15	四、經營風險	2.77	2.89	-0.12
細項平均值	**2.77**	**2.94**	**-017**	總體平均值	**2.76**	**2.90**	**-0.14**

資料來源：本研究整理
附　　註：2004與近五年差異分數為負，表2004年度投資風險細項指標分數下降，即台商評鑑此指標風險較去年低，即風險改善。

■表14-6 2004年與近五年投資風險細項指標下降排名

投資風險指標項目	2004-5年度差異分數	風險下降前十名
經濟-5）當地的資金籌措與取得困難風險	-0.37	1
經營-7）適任的員工招募與留用不易風險	-0.37	1
經營-9）環境造成台商幹部流動率高風險	-0.37	1
經濟-2）當地的外匯管制措施嚴格的風險	-0.36	4
經濟-6）銀行信用業務無法滿足台商需求風險	-0.31	5
經濟-1）當地物價波動頻繁的風險	-0.28	6
經濟-4）當地的利潤匯出不易風險	-0.28	6
法制-5）當地政府協商過程難以掌控的風險	-0.24	7
法制-1）當地行政命令經常變動的風險	-0.24	7
法制-3）企業及人民對合同規範不遵守	-0.23	9
法制-2）企業人民對法令不重視不遵守風險	-0.23	9
法制-10）常以刑事方式處理經濟案件風險	-0.23	9

資料來源：本研究整理
附　　註：2004與近五年差異分數為負，表2004年度投資風險細項指標分數下降，即台商評鑑此指標風險較去年低，即風險改善。

■表14-7 最近五年大陸投資風險變化情形彙總表

風險項目	本研究 （2004）	陳麗瑛 （2003）	呂鴻德 （2002）	林祖嘉 （2001）	林震岩 （2000）
投資風險總平均	2.76	2.67	3.01	3.14	3.14
社會風險	2.70	2.57	2.77	2.86	2.85
法制風險	2.79	2.70	3.13	3.14	3.22
經濟風險	2.79	2.74	3.23	3.33	3.21
經營風險	2.77	2.65	2.97	3.10	3.11

資料來源：本研究整理

排行，分別是：「當地政府的協商過程難以掌控的風險」、「當地的行政命令經常變動的風險」、「企業及人民對合同規範不遵守」、「企業人民對法令不重視不遵守風險」與「常以刑事方式處理經濟案件風險」。

整體而言，大陸投資風險仍高，各項風險雖比2003年來得高，但是低於2002年前的3年，也低於5年的平均值，未來投資風險的發展趨勢將會是值得注意的焦點，尤其是中國大陸正在進行第二次的宏觀調控，實施地區均為台商群聚的重要據點，中國大陸投資風險會持續下降？抑或2003年將成為中國大陸投資風險最低的一年，值得審慎觀察。

同時由分析結果也可以看出中國大陸投資環境仍有一定的風險，比較投資環境與投資風險，可看出兩者的一致性與相關性，投資環境愈好者其投資風險就相對較小，相反的投資環境較差者投資風險就較大。整體投資風險最近5年變化整理如表14-7所示。

盱衡最近5年對大陸投資風險的調查發現，台商所擔心的投資風險有若干項目並未有明顯的變化（如表14-8），有些投資風險在早期是台商變化所關心，最近已未再出現。從表14-8觀察，前十大投資風險集中在法制風險、經濟風險與經營風險，社會風險的各項指標未曾出現在十大投資風險項目中。在經濟風險方面，「當地外匯管制措施嚴格」、「當地利潤匯出不易」、「當地資金籌措困難」、「當地銀行及信用業務無法滿足台商需求」等4項風險指標在5年來一直都在的十大投資風險排行榜中，只是每年排名稍有不同，最近兩、三年中「政府對台商優惠政策兌現程度風險」也出現在投資風險排行內；在經營風險方面，「當地帳款回收困難」也是5年來在十大投資風險排行中從未缺席的一項。在法制風險中，「當地企業與人民對合同規範不重視風險」、「官員對法令認知及執行不一致風險」一直高掛十大投資風險項目中。而早期一度曾經被台商視為投資風險的項目，包括：「當地行政命令經常變動」、「與當地政府的協商時間難以掌握」、「當地經營企業維持人際網絡的相關成本過高」、「當地以刑事方式處理經濟案件」、「當地有台商無端因經貿糾紛遭到羈押之記錄」、「當地海關通關的障礙高」、「當地的物價水準高」等，已經未再出現於前十大投資風險項目中。最近兩、三年內，今年新出現的投資風險項目則為：「當地適任員工的招募與留用不易」、「當地的市場通路開拓困難」、「當地政府要求的不當回饋過高或頻繁」。

盱衡過去5年的調查評估資料，大陸各城市的投資風險有所不同，其變化情形整理如表14-9、14-10所示。從表14-9中可以看出各年度變化相當大，5年來幾乎沒

■表14-8　最近五年前十大投資風險項目變化表

排序	本研究（2004）	陳麗瑛（2003）	呂鴻德（2002）	林祖嘉（2001）	林震岩（2000）
1	企業信用不佳，欠債追索不易風險	當地帳款的回收困難	當地銀行及信用業務無法滿足台商需求	當地的外匯管制措施嚴格	當地的資金籌措與取得困難
2	當地員工缺乏敬業精神與忠誠度難	1.當地的資金籌措與取得困難 2.當地銀行及信用業務無法滿足台商需求	當地的外匯管制措施嚴格	1.當地的資金籌措與取得困難 2.當地以刑事方式處理經濟案件	當地帳款的回收困難
3	當地的資金籌措與取得困難的風險		當地的資金籌措與取得困難	—	當地的利潤匯出不易
4	1.銀行信用業務無法滿足台商需求 2.適任的員工招募與留用不易風險	1.當地的外匯管制措施嚴格 2.當地的利潤匯出不易	當地帳款的回收困難	當地銀行及信用業務無法滿足台商需求	當地經營企業維持人際網絡的相關成本過高
5	—	—	當地人民對法令認知有不同	當地帳款的回收困難	當地的行政命令經常變動
6	當地的利潤匯出不易的風險	當地員工的敬業精神與忠誠度低	當地人民對合同規範認知常有不同	當地的利潤匯出不易	與當地政府的協商時間難以掌握
7	當地的外匯管制措施嚴格的風險	當地人民對法令認知有不同	當地的物價水準高	當地的物價水準高	當地的稅賦、規費變動頻繁
8	企業人民對法令不重視不遵守風險	1.當地官員對法令認知常有不同 2.當地人民對合同規範認知常有不同	當地員工的敬業精神與忠誠度低	當地經營企業維持人際網絡的相關成本過高	當地員工的敬業精神與忠誠度低
9	1.企業人民對合同規範不重視風險 2.官員對法令認知及執行不一致風險 3.機構無法有效執行司法及仲裁風險 4.政府對台商優惠政策兌現程度風險	—	1.當地官員對法令認知常有不同 2.當地的利潤匯出不易	當地海關通關的障礙高	1.當地人民對法令認知常有不同 2.當地人民對合同規範認知常有不同 3.當地有台商無端因經貿糾紛羈押之紀錄
10	—	當地政府對台商的優惠政策不夠透明	—	當地的行政命令經常變動	

資料來源：本研究整理

■ 表14-9 中國大陸地區投資風險分析(依城市區分)

排名	城市	省份	區域	樣本數	社會風險	法制風險	經濟風險	經營風險	整體風險	推薦投資	加權程度	陳麗瑛(2003)排名	呂鴻德(2002)排名	林祖嘉(2001)排名	林震岩(2000)排名
1	徐州	江蘇省	華東地區	28	2.04	2.02	2.19	2.11	1.85	4.07	2.09	—	—	—	—
2	揚州	江蘇省	華東地區	27	2.00	2.11	2.13	2.14	2.05	4.25	2.11	6	3	25	26
3	杭州蕭山	浙江省	華東地區	39	2.10	2.09	2.16	2.14	2.15	4.36	2.11	2	2	42	1
3	無錫江陰	江蘇省	華東地區	17	1.99	2.05	2.17	2.21	2.18	4.24	2.12	—	—	7	—
5	成都	四川省	西南地區	33	2.09	2.18	2.05	2.15	2.14	4.24	2.13	5	16	—	—
6	嘉興	浙江省	華東地區	58	2.18	2.12	2.29	2.40	2.12	3.88	2.26	—	—	—	—
7	上海閔行	上海市	華東地區	15	2.21	2.33	2.27	2.22	2.36	3.92	2.27	31	35	24	30
8	南昌	江西省	華中地區	17	2.27	2.30	2.44	2.42	2.41	3.76	2.37	—	—	29	—
9	汕頭	廣東省	華南地區	40	2.42	2.2	2.19	2.24	1.91	3.89	2.42	9	12	22	31
10	寧波餘姚	浙江省	華東地區	18	2.53	2.33	2.55	2.66	2.42	3.17	2.51	47	31	2	3
11	濟南	山東省	華北地區	21	2.36	2.50	2.56	2.55	2.34	3.55	2.52	21	26	—	—
12	莆田	福建省	華南地區	19	2.43	2.55	2.56	2.53	2.52	3.52	2.53	53	43	23	14
13	天津市	天津市	華北地區	25	2.45	2.57	2.66	2.59	2.58	3.81	2.58	30	29	9	13
14	蘇州昆山	江蘇省	華東地區	128	2.48	2.61	2.59	2.60	2.42	3.77	2.59	22	7	36	19
15	大連	遼寧省	華北地區	25	2.47	2.61	2.54	2.66	2.48	3.76	2.60	19	25	6	—
15	漳州	福建省	華南地區	27	2.49	2.57	2.6	2.66	2.54	3.54	2.60	15	14	10	10
17	寧波市區	浙江省	華東地區	32	2.60	2.50	2.68	2.68	2.59	3.29	2.61	10	8	—	15
18	青島	山東省	華北地區	22	2.51	2.65	2.70	2.58	2.61	3.45	2.62	1	13	11	—
19	蘇州市區	江蘇省	華東地區	82	2.53	2.70	2.63	2.60	2.67	3.61	2.63	13	5	—	—
20	紹興	浙江省	華東地區	15	2.59	2.78	2.59	2.88	2.73	3.56	2.66	—	—	—	—
21	江門	廣東省	華南地區	16	2.75	2.69	2.60	2.67	2.36	3.27	2.67	—	—	39	5
22	南京市區	南京市	華東地區	16	2.53	2.66	2.72	2.71	2.72	3.44	2.68	29	24	19	7
23	杭州市區	浙江省	華東地區	16	2.72	2.77	2.83	2.71	2.89	2.71	2.70	8	9	24	30
24	上海松江	上海市	華東地區	25	2.67	2.66	2.68	2.78	2.69	3.44	2.71	16	35	35	—
25	重慶	重慶市	西南地區	17	2.66	2.70	2.75	2.73	2.58	3.18	2.72	3	37	—	—
26	東莞厚街	廣東省	華南地區	22	2.73	2.82	2.64	2.70	2.65	3.14	2.73	—	—	19	11
27	南通	江蘇省	華東地區	26	2.78	2.64	2.86	2.79	1.27	3.39	2.75	12	10	11	15
27	中山	廣東省	華南地區	29	2.56	2.76	2.74	2.79	2.46	3.39	2.75	-	5	43	20
29	蘇州太倉	江蘇省	華東地區	15	2.65	2.83	2.73	2.75	2.64	3.53	2.76	17	29	16	18
29	珠海	廣東省	華南地區	20	2.68	2.68	2.80	2.85	2.79	3.69	2.76	23	30	1	8
31	常州	江蘇省	華東地區	15	2.74	2.81	2.70	2.78	2.72	3.38	2.77	26	4	21	12
32	蘇州吳江	江蘇省	華東地區	31	2.70	2.78	2.86	2.84	2.58	3.3	2.81	39	27	—	—
33	武漢	湖北省	華中地區	18	2.63	2.84	2.84	2.85	2.79	3.33	2.82	—	—	—	—

■ 表14-9　（續）中國大陸地區投資風險分析（依城市區分）

		省	地區	樣本											
34	上海浦東	上海市	華東地區	24	2.76	2.91	2.85	2.77	2.73	3.45	2.83	33	32	24	30
35	福州市區	福建省	華東地區	18	2.61	2.87	2.97	2.84	2.65	2.77	2.85	7	39	3	22
36	廈門	福建省	華南地區	53	2.82	2.87	2.91	2.85	2.95	3.24	2.87	11	22	13	9
36	桂林	廣西省	西南地區	15	2.67	3.04	3.01	2.84	3.00	3.15	2.87	—	18	14	24
36	深圳龍崗	廣東省	華南地區	25	2.90	2.82	2.98	2.86	2.95	3.13	2.87	32	47	41	33
39	南寧	廣西省	西南地區	15	2.69	2.96	2.99	2.94	3.2	3.00	2.89	34	28	30	—
39	東莞石碣	廣東省	華南地區	32	2.71	2.99	2.85	2.87	3.01	3.00	2.89	41	50	44	32
41	無錫市區	江蘇省	華東地區	24	2.78	2.95	2.91	2.89	2.85	3.25	2.90	4	6	12	6
41	東莞其他	廣東省	華南地區	46	2.91	2.94	2.94	2.82	2.88	3.03	2.90	52	50	44	32
41	河源	廣東省	華南地區	18	2.90	2.85	2.78	3.01	1.47	3.21	2.90	—	—	—	—
44	北京市區	北京市	華北地區	28	2.74	2.98	2.87	2.87	3.00	3.24	2.91	36	42	31	29
44	深圳寶安	廣東省	華南地區	36	2.89	2.91	3.00	2.85	2.92	3.17	2.91	49	41	41	33
46	長沙	湖南省	華中地區	16	2.86	3.12	3.00	2.91	2.88	2.87	2.94	—	—	—	—
47	北京郊區	北京市	華北地區	15	2.92	3.11	3.11	2.99	3.08	3.28	2.95	—	—	—	—
47	昆明	雲南省	西南地區	17	2.96	3.03	3.04	2.82	3.00	3.06	2.95	—	44	23	—
47	惠州	廣東省	華南地區	15	2.88	2.98	2.88	2.97	2.95	2.79	2.95	14	20	27	21
50	上海市區	上海市	華東地區	217	2.90	2.99	2.94	2.96	2.97	3.38	2.96	81	35	24	30
51	上海郊區	上海市	華東地區	17	2.76	3.00	3.11	2.92	3.09	3.17	2.97	24	35	24	30
51	廣州市區	廣東省	華南地區	39	2.90	3.01	2.98	3.04	3.02	2.98	2.97	42	46	40	23
53	深圳郊區	廣東省	華南地區	25	2.89	2.98	3.08	3.03	3.14	3.04	3.01	45	50	44	32
54	東莞虎門	廣東省	華南地區	21	3.07	3.01	3.07	3.00	3.25	2.55	3.02	44	50	44	32
55	東莞長安	廣東省	華南地區	55	3.00	3.12	3.07	2.99	2.84	2.62	3.05	50	50	44	32
55	東莞市區	廣東省	華南地區	245	3.03	3.10	3.04	3.02	3.05	2.89	3.05	51	50	44	32
57	上海嘉定	上海市	華東地區	16	2.92	3.08	3.15	3.04	3.05	3.07	3.06	37	35	24	30
58	佛山	廣東省	華南地區	16	2.96	3.11	2.84	3.19	2.88	3.15	3.07	43	21	20	28
59	東莞樟木頭	廣東省	華南地區	19	2.93	3.07	3.08	3.12	3.13	2.72	3.08	-	50	44	34
60	東莞清溪	廣東省	華南地區	21	3.24	3.09	3.08	3.06	3.19	3.21	3.09	48	50	44	32
61	深圳市區	廣東省	華南地區	152	2.95	3.18	3.14	3.07	3.14	2.96	3.11	46	49	41	33
63	泉州	福建省	華南地區	16	2.97	3.19	3.16	3.20	3.15	2.53	3.17	35	45	—	—
63	保定	河北省	華北地區	21	3.00	3.17	3.24	3.17	3.27	2.48	3.17	—	—	—	—
64	寧波奉化	浙江省	華東地區	30	3.41	3.49	3.46	3.35	3.53	3.9	3.43	54	1	33	2
65	泰州	江蘇省	華東地區	15	4.26	4.08	3.48	3.56	4.18	1.88	3.80	54	—	—	—

註：(1) 加權籌碼程度＝社會風險×10％＋法制風險×35％＋經濟風險×20％＋經營風險×35％。
(2) 問卷給分如下：「極高度風險」5分，「高度風險」4分，「中度風險」3分，「低度風險」2分，「完全無風險」1分。

有城市可以穩居前10名。觀察這5年的資料，昆山在2001年與2002年均入榜，但在2003年退出榜外，2004年僅獲得第14名。2004年投資風險較低的前十大城市分別說明如下：

1.徐州：

2003年徐州並未列入評比的城市，然2004年在投資風險評估中的排名異軍突起，獲得第1名，其表現較佳的項目分別是：當地有台商無端因經貿糾紛遭羈押的紀錄（1.72）、當地政府會干預企業經營運作（1.90）、當地政府要求的不當回饋過高或頻繁（1.90）、當地以刑事方式處理經濟案件（1.90）與當地政府調解糾紛對台商不公平（1.90）。

2.揚州：

揚州在2003年的風險評估中排名第6名，2004年則更進一步到第2名，以兩年度比較，其表現較佳的項目分別為：當地利潤匯出不易（-0.64）、當地人民對合同規範認知有所不同（-0.56）、當地外匯措施管制嚴格（-0.55）、當地海關通關的障礙高（-0.52）與當地資金籌措與取得困難（-0.44）。

3.杭州蕭山：

杭州蕭山市2003年的投資風險評估名列第2名，但是2004年小退一名到第3名，檢視其風險指標的各項得分，和2003年相較大部分的指標均呈下降的情形，但以兩年度比較，其退步的較多的項目包括：當地能源供應不穩定（0.67）、當地外匯管制措施嚴格（0.33）與當地利潤匯出不易（0.16）。

4.無錫江陰：

無錫江陰是2004年首度進入排名的城市，啼聲初試即有不錯的成績，在風險項目表現較佳的部分為：當地人身安全受到威脅難有保障（1.76）、當地政府調解糾紛對台商不公平（1.76）、當地政府對台商的優惠政策兌現率低（1.76）、當地運輸狀況不易掌握（1.82）與當地政府要求的不當回饋過高或頻繁（1.88）。

5.成都：

成都在2003年的投資風險評估中排名第5，2004年持平，仍然維持第5名，但審視其風險指標大部分是下降的，以兩年度比較，僅當地稅費與規費變動頻繁（0.26）上升的幅度較大。

6.嘉興：

嘉興在2003年並未列入評比的城市，2004年在投資風險評估中名列第6，較佳的項目分別是：當地政府調解糾紛對台商不公平（1.88）、當地司法仲裁機構對台

商不公平（1.88）、當地政府要求的不當回饋過高或頻繁（1.94）、當地人身安全受到威脅難有保障（2.00）與當地以刑事手段處理經濟案件（2.00）。

7.上海閔行：

上海閔行在2003年的調查中僅名列第31，2004年也是大幅躍進到第7名，造成其風險急遽下降的原因，以兩年度比較，在於以下幾項風險指標的下跌，分別是：當地外匯措施管制嚴格（-0.97）、當地政府對台商的優惠政策不夠透明（-0.92）、當地銀行及信用業務無法滿足台商的需求（-0.88）、當地政府會干預企業的經營運作（-0.8）與當地司法仲裁機構對台商不公平（-0.77）。

8.南昌：

南昌在2003年並未列入評比的城市，但南昌政府今年度有許多作為：面對能源問題有極大努力。在當地政府執行力上，著力「五個落實」講求行政機關改進效率，積極營造全社會關心、支援、參與機關作風建設的良好氣氛。堅持不懈地作好政府機關效能建設工作。把風氣和效能建設與單位的職能工作、與南昌訴求「建昌南綠城，創文明蓮塘」行動有效結合。由此可看出當地政府執行決心，因此可推知其法制風險上有一定改進成效，所以 2004年在投資風險評估中也有不錯的表現，名列第8。

9.汕頭：

汕頭2003年在投資風險的排名為第9名，2004年仍維持與2003年相同的名次，和2003年相較改善較多的項目是：當地適任的員工招募與留用不易（-0.71）、當地運輸狀況不容易掌握（-0.29）、當地政府對台商優惠政策不夠透明（-0.23）、當地銀行及信用業務無法滿足台商需求（-0.22）與當地利潤匯出不易（0.21）等項。但是當地民工情緒浮躁、對台商有成見及經常鬧事的社會風險指標還是上升0.62，值得注意。

10.寧波餘姚：

寧波餘姚在2003年的投資風險評估中表現亦不理想，在受評估的54個城市中僅名列第47，但2004年則有不錯的表示，2004年表現較佳的項目包括（兩年度比較）：當地政府干預企業經營運作（-0.94）、當地台商無端因經貿糾紛遭到羈押之記錄（-0.90）、當地政府調解糾紛對台商不公平（-0.89）與當地人身安全受到威脅難有保障（-0.79）。然而當地民工流竄造成社會問題（+0.16）與當地政府保護主義濃厚，企業營運不易的風險（+0.26）是呈增加的情形值得當地政府重視與改善。

2003年投資風險最低的城市是青島，2004年退步到第18名，相較於2003年幾乎

■表14-10　2000年至2004年前十名城市投資風險排名變化分析

排名	本研究（2004）	陳麗瑛（2003）	呂鴻德（2002）	林祖嘉（2001）	林震岩（2000）
1	徐州	青島	寧波奉化	吳江	蕭山
2	揚州	杭州蕭山	杭州蕭山	濟南	奉化
3	杭州蕭山	重慶	揚州	福州	餘姚
4	無錫江陰	無錫	蘇州吳江	惠州	上海嘉定
5	成都	成都	蘇州市區	保定	南京
6	嘉興	揚州	無錫	石家莊	無錫
7	上海閔行	福州	蘇州昆山	鄭州	杭州
8	南昌	杭州市區	寧波市區	桂林	吳江
9	汕頭	汕頭	杭州市區	昆山	青島
10	寧波餘姚	寧波市區	中山	寧波	寧波

資料來源：本研究整理

所有風險指標均呈現上升的態勢，僅當地政府干預企業經營運作的風險降低（-0.03），退步較多的項目分別是：當地市場通路開拓困難（0.80）、當地人身安全受到威脅難有保障（0.60）、當地司法仲裁機構對台商不公平（0.60）、當地利潤匯出不易（0.59）與當地運輸狀況不易掌握（0.55）等項。

　　2003年第4名的無錫，2004年更是一舉退步到41名，退步較多的項目以兩年度比較包括：當地稅賦與規費變動頻繁（0.79）、當地物價水準高（0.69）、當地政府會無端干預企業經營運作（0.68）、當地政府協調糾紛對台商不公平（0.66）與當地有台商無端因經貿糾紛遭到羈押的紀錄（0.65）。上海市區從2003年的第18名退步到2004年的第50名，造成其排名大幅滑落的原因在於：當地帳款回收困難（0.37）、與當地政府的協調時間難以掌握（0.52）、當地政府要求的不當回饋過高或頻繁（0.49）、當地能源供應不穩定（0.54）與當地政府保護主義濃厚，企業營運不易（0.43）。

台商整體推薦排名

本研究將相同城市問卷中有關推薦當地城市給未來台商赴大陸投資設廠的程度問項加以平均，得到台商對中國大陸各城市推薦程度的分數，分數愈高推薦的傾向愈高。分析結果並與過去4年研究之結果作一比較，如表15-1。推薦城市排名第1名的是杭州蕭山，其次是揚州，第3名是無錫江陰；排名最後的分別是：泉州、保定與泰州。

和2003年比較，前10名城市除蕭山排名不變外，其餘城市排名均有增長，且多為2003年排名前10名之城市，其中，無錫、徐州、嘉興是本年度排名前10名中新增之城市。依城市所在地分析，這些城市多集中於江蘇省及浙江省，此兩省份圍繞上海市發展，至今在台商推薦排名已超越上海市（本年度排名第27名）。

蕭山地處浙江省南北要衝，臨江近海，地理位置優越，水陸交通便利，蕭山近年來的成長有目共睹，主要經濟指標實績均居全省縣（市、區）級首位，綜合經濟實力在縣（市、區）中列中國大陸第8位，發展活力列中國大陸第7位。工業是蕭山經濟的支柱，全區擁有工業企業12,000餘家。因此聚集產業效應極大，結合地利，蕭山2004年仍高居台商推薦排名第1。揚州在近3年已是台商推薦城市熱門地點，目前揚州市仍積極完善城市建設，通過「揚州市沿江開發總體規劃」，在基礎設施和生態環境建設強力推進。此外，積極建設開發區，園區建設和產業開發成效顯著。江陰近來導入創新概念，講求研發，高薪引進境內甚至國際技術人才、管理人才，並進行產業升級。過去江陰以煉鋼、軋鋼之傳統產業為主，目前引進高科技產業，尤其IT產業，通過引進外資或技術亦進駐江陰。位於四川省之成都，目前為招商引資設定優沃環境，規範良好法制，因此2004年也成為台商推薦重點城市。徐州是2004年的新研究城市，位於上海經濟區與環渤海經濟圈的結合部位，方便的地理位置也為徐州帶來台商聚集成效。

本研究第6名到第10名分別為：上海閔行、寧波奉化、汕頭、嘉興及天津市。多位於江蘇、浙江及廣東省，為沿海已發展地區，近2年來多為台商推薦城市，顯示聚集效應已經呈現。其中天津是2004年全球貨櫃港口排名21名，顯示海口沿岸港仍多為台商屬意城市。

2004年排名下降最多的為杭州市區、福州市區、無錫市區、上海郊區及上海市

城市	省份	2004台商推薦		2003台商推薦		2002台商推薦		2001台商推薦		2000台商推薦	
		平均數	排名	平均數	排名	平均數	排名	平均數	排名	平均數	排名
杭州蕭山	浙江省	4.36	1	3.94	1	3.54	6	3.19	37	3.39	16
揚州	江蘇省	4.25	2	3.53	8	3.54	5	3.2	36	3.44	11
無錫江陰	江蘇省	4.24	3	—	—	—	—	—	—	—	—
成都	四川省	4.24	3	3.57	7	3.5	12	3.12	42	3.71	3
徐州	江蘇省	4.07	5	—	—	—	—	—	—	—	—
上海閔行	上海市	3.92	6	3.53	10	3.42	19	3.4	19	3.26	23
寧波奉化	浙江省	3.9	7	3.27		3.53	7	3.54	14	3.34	14
汕頭	廣東省	3.89	8	3.53	9	3.41	21	3.15	41	3.11	39
嘉興	浙江省	3.88	9	—	—	—	—	—	—	—	—
天津市	天津市	3.81	10	3.18	32	3.36	26	3.18	38	2.86	47
蘇州昆山	江蘇省	3.77	11	3.49	16	3.82	1	3.66	10	3.5	6
南昌	江西省	3.76	12	—	—	—	—	—	—	—	—
大連	遼寧省	3.76	12	3.57	6	3.33	29	3.36	22	3.42	13
珠海	廣東省	3.69	14	3.50	13	3.55	3	3.18	38	3.2	27
蘇州市區	江蘇省	3.61	15	3.58	4	3.69	2	3.69	7	3.57	5
紹興	浙江省	3.56	16	—	—	—	—	—	—	—	—
濟南	山東省	3.55	17	3.40	19	3.33	29	3.55	13	2.8	49
漳州	福建省	3.54	18	3.15	34	3.42	18	—	—	3.75	2
蘇州太倉	江蘇省	3.53	19	3.55							
莆田	福建省	3.52	20	3.19	30	2.53	51	—	—	3.4	14
青島	山東省	3.45	21	3.52	12	3.52	10	3.36	22	3.36	19
上海浦東	上海市	3.45	21	3.42	18	3.42	20	3.4	19	3.26	23
南京市區	江蘇省	3.44	23	3.21	29	3.29	34	3.45	15	3.23	26
上海松江	上海市	3.44	23	3.50	13	3.42	19	3.4	19	3.26	23
南通	江蘇省	3.39	25	4.58	—	3.36	—	—	—	2.75	—
中山	廣東省	3.39	25	3.52	11	3.54	4	3.16	40	3.09	41
上海市區	上海市	3.38	27	3.62	3	3.42	19	3.4	19	3.26	23
常州	江蘇省	3.38	27	3.58	5	3.31	33	3.65	11	3.1	40
武漢	湖北省	3.33	29	3.30		—	—	—	—	—	—
蘇州吳江	江蘇省	3.3	30	3.23	25	3.53	8	4.06	1	3.5	6
寧波市區	浙江省	3.29	31	3.38	20	3.44	16	3.43	18	3.5	6
北京市區	北京市	3.29	31	3.19	31	3.24	35	3.21	34	3.39	16
江門	廣東省	3.27	33	—	—	—	—	—	—	—	—
無錫市區	江蘇省	3.25	34	3.78	2	3.51	11	3.45	15	3.15	32
廈門	福建省	3.24	35	3.36	23	3.35	28	3.36	22	3.38	18
東莞清溪	廣東省	3.21	36	3.05	40	2.96	49	2.89	47	3.14	33
河源	廣東省	3.21	36	—	—	—	—	—	—	—	—
重慶市	重慶市	3.18	38	3.00	41	3.06	45	3.26	27	3.63	4
寧波餘姚	浙江省	3.17	39	2.90	46	3.36	25	3.79	4	3.47	9
深圳寶安	廣東省	3.17	39	3.00	41	2.98	48	3.23	30	3.12	35
上海郊區	上海市	3.17	39	3.50	13	3.42	19	3.4	19	3.26	23
北京郊區	北京市	3.17	39	—	—	—	—	—	—	—	—
佛山	廣東省	3.15	43	3.08	38	3.33	29	3	44	3.47	9

■表15-1　（續）2004年中國大陸城市台商推薦排名分析

桂林	廣西	3.15	43	4.50	—	3.48	14	3.45	15	3.2	27
東莞厚街	廣東省	3.14	45	—	—	—	—	—	—	—	—
深圳龍崗	廣東省	3.13	46	2.96	43	3.04	47	3.23	30	3.12	35
上海嘉定	上海市	3.07	47	3.22	27	3.42	19	3.4	19	3.26	23
昆明	雲南省	3.06	48	2.83		3.4	22	3.25	28	3.2	27
深圳郊區	廣東省	3.04	49	3.18	33	3.13	41	3.23	30	3.12	35
東莞其它	廣東省	3.03	50	2.65	50	2.96	49	2.89	47	3.14	33
東莞石碣	廣東省	3.00	51	2.58	53	2.96	49	2.89	47	3.14	33
南寧	廣西	3.00	51	3.06	39	2.87	50	3.67	9	3.8	1
深圳市區	廣東省	2.96	53	2.90	46	3.13	41	3.23	30	3.12	35
廣州市區	廣東省	2.95	54	2.95	44	3.08	43	2.98	46	3.31	21
惠州	廣東省	2.89	55	3.13	35	3.48	13	3.31	26	3.14	33
長沙	湖南省	2.87	56	—	—	—	—	—	—	—	—
東莞市區	廣東省	2.79	57	2.95	45	2.96	49	2.89	47	3.14	33
福州市區	福建省	2.77	58	3.29	24	3.23	36	3.75	5	3	42
東莞樟木頭	廣東省	2.72	59	3.47	—	—	—	—	—	—	—
杭州市區	浙江省	2.71	60	3.47	17	3.42	17	3.25	28	3.33	20
東莞長安	廣東省	2.62	61	2.76	49	2.96	49	2.89	47	3.14	33
東莞虎門	廣東省	2.55	62	2.83	48	2.96	49	2.89	47	3.14	33
泉州	福建省	2.53	63	2.64	52	3.18	39	—	—	3	42
保定	河北省	2.48	64	—	—	—	—	—	—	—	—
泰州	江蘇省	1.88	65	1.00	54	—	—	—	—	—	—

資料來源：本研究整理

區等，均多為往年台商推薦重點城市，此可能係受到鄰近城市發達，稀釋吸引外資優勢所致。此外，本年度排名城市細分及新增亦為原因之一。

　　由表15-2、15-3得知，杭州蕭山與青島已連續3年名列極力推薦城市，以省市而言，仍多以江蘇省、上海市為主，此應係台商聚集效果之影響；由城市所在地亦可發現，多為聚集於中國大陸東半部沿岸，居海陸空交通便利城市，尤以青島為例。蕭山以工業為底，位於杭州市內，屬長三角15個城市中的南沿，鄰近機場，地理位置頗受台商投資的青睞，評價連2年高居首位。在台商的眼中，杭州蕭山應朝精密機械、汽車配件更高層次發展，半導體業就讓上海、蘇州去做，市場區隔做得越清楚，越能吸引相關企業陸續進駐，越能形成產業群聚，當地的經濟發展會更快，此外，蕭山人工成本低於上海30%，比蘇州和昆山低20%，具備吸引台商進駐的條件。

　　青島為山東省企業重鎮，近1/3加工企業落居於此，近來，青島前灣港海關與烏魯木齊海關的進口轉關業務正式開通，方便貨物轉運，節省轉運時間及手續。至

■表15-2 中國大陸各省及直轄市競爭力分析加權與排名

排名	城市	省份	區域	競爭力加權平均20%	排名	投資環境加權平均20%	排名	投資風險加權平均30%	排名	台商整體推薦平均20%	排名	綜合指標	總排名	評價
1	杭州蕭山	浙江省	華東地區	83.75	26	3.92	01	2.12	96	4.36	100	95.82	A01	極力推薦
2	上海閔行	上海市	華東地區	98.42	01	3.54	05	2.27	90	3.92	92	93.42	A02	極力推薦
3	成都	四川省	西南地區	82.86	27	3.61	04	2.13	93	4.24	95	92.36	A03	極力推薦
4	揚州	江蘇省	華東地區	53.18	54	3.70	02	2.11	98	4.25	98	89.39	A04	極力推薦
5	徐州	江蘇省	華東地區	60.09	49	3.53	06	2.09	100	4.07	93	88.39	A05	極力推薦
6	無錫江陰	江蘇省	華東地區	46.20	59	3.65	03	2.12	96	4.24	95	86.41	A06	極力推薦
7	天津市	天津市	華北地區	93.97	10	3.36	11	2.58	81	3.81	85	85.65	A07	極力推薦
8	蘇州昆山	江蘇省	華東地區	84.40	19	3.45	09	2.59	79	3.77	84	83.42	A08	極力推薦
9	嘉興	浙江省	華東地區	51.82	55	3.52	07	2.26	92	3.88	87	82.22	A09	極力推薦
10	大連	遼寧省	華東地區	85.84	17	3.35	12	2.60	78	3.76	81	81.71	A10	極力推薦
11	南昌	江西省	華中地區	55.63	52	3.45	09	2.37	89	3.76	81	79.87	A11	極力推薦
12	汕頭	廣東省	華南地區	42.61	60	3.52	07	2.42	87	3.89	89	79.27	A12	極力推薦
13	濟南	山東省	華北地區	81.32	28	3.27	19	2.52	84	3.55	75	78.12	A13	極力推薦
14	青島	山東省	華北地區	85.73	18	3.34	13	2.62	73	3.45	67	76.98	A14	極力推薦
15	蘇州市區	江蘇省	華東地區	84.40	19	3.26	20	2.63	71	3.61	78	74.20	B15	值得推薦
16	南京市區	南京市	華東地區	88.62	15	3.29	17	2.68	67	3.44	64	73.18	B16	值得推薦
17	蘇州太倉	江蘇省	華東地區	84.40	19	3.30	16	2.76	56	3.53	71	71.08	B17	值得推薦
18	寧波市區	浙江省	華東地區	83.75	23	3.26	20	2.61	75	3.29	53	70.00	B18	值得推薦
19	漳州	福建省	華南地區	37.51	62	3.32	14	2.60	78	3.54	73	69.52	B19	值得推薦
20	紹興	浙江省	華東地區	63.21	47	3.26	20	2.66	70	3.56	76	69.19	B20	值得推薦
21	珠海	廣東省	華南地區	63.46	46	3.31	15	2.76	56	3.69	79	68.93	B21	值得推薦
22	寧波餘姚	浙江省	華東地區	83.75	23	3.18	29	2.51	86	3.17	35	66.11	B22	值得推薦
23	上海松江	上海市	華東地區	98.42	01	3.11	39	2.71	64	3.44	64	63.89	B23	值得推薦
24	常州	江蘇省	華東地區	67.36	45	3.28	18	2.77	53	3.38	57	63.01	B24	值得推薦
25	莆田	福建省	華南地區	27.64	64	3.25	23	2.53	82	3.52	70	62.73	B25	值得推薦
26	上海浦東	上海市	華南地區	98.42	01	3.12	35	2.83	48	3.45	67	60.28	B26	值得推薦
27	南通	江蘇省	華東地區	57.89	51	3.22	27	2.75	59	3.39	60	59.37	B27	值得推薦
28	重慶	重慶市	西南地區	76.11	32	3.17	31	2.72	62	3.18	40	58.02	B28	值得推薦
29	江門	廣東省	華南地區	53.95	53	3.13	34	2.67	68	3.27	50	55.95	B29	值得推薦
30	上海市區	上海市	華東地區	98.42	01	3.20	28	2.96	23	3.38	57	55.63	B30	值得推薦
31	北京市區	北京市	華北地區	97.57	07	3.14	32	2.91	32	3.29	53	55.00	B31	值得推薦
32	中山	廣東省	華南地區	59.10	50	3.12	35	2.75	59	3.39	60	54.45	B32	值得推薦

■表15-2 （續） 中國大陸各省及直轄市競爭力分析加權與排名

排名	地區	省市	經濟區												加權	代碼	推薦等級
33	廈門	福建省	華南地區	76.33	31	3.18	54	29	2.87	45	36	3.24	45	35	54.33	B33	值得推薦
34	寧波奉化	浙江省	華東地區	83.75	23	3.25	60	23	3.43	01	64	3.90	90	07	53.62	B34	
35	東莞厚街	廣東省	華南地區	69.23	36	3.14	50	32	2.73	61	26	3.14	31	45	53.39	B35	
36	蘇州吳江	江蘇省	華東地區	84.40	19	3.08	32	43	2.81	51	32	3.30	54	30	53.12	B36	
37	武漢	湖北省	華中地區	79.26	30	3.09	35	41	2.82	50	33	3.33	56	29	52.86	B37	
38	上海郊區	上海市	華東地區	98.42	01	3.25	60	23	2.97	21	51	3.17	35	40	51.70	B38	
39	無錫市區	江蘇省	華東地區	81.16	29	3.12	42	35	2.90	37	41	3.25	48	34	49.79	C39	勉予推薦
40	杭州市區	浙江省	華東地區	88.48	16	2.98	25	49	2.70	65	23	2.71	07	60	46.47	C40	
41	桂林	廣西省	西南地區	31.75	63	3.25	60	23	2.87	45	36	3.15	32	43	44.80	C41	
42	北京郊區	北京市	華北地區	97.57	07	3.03	28	47	2.95	28	47	3.17	35	40	43.58	C42	
43	深圳龍崗	廣東省	華南地區	93.77	11	2.91	12	57	2.87	45	36	3.13	29	46	42.04	C43	
44	深圳寶安	廣東省	華南地區	93.77	11	2.93	14	56	2.91	32	44	3.17	35	40	40.00	C44	
45	上海嘉定	上海市	華東地區	98.42	01	3.08	32	43	3.06	12	57	3.07	28	47	38.89	C45	
46	南寧	廣西省	西南地區	49.92	58	3.12	42	35	2.89	40	39	3.00	20	51	38.88	C45	
47	東莞石碣	廣東省	華南地區	69.23	36	2.97	23	50	2.89	40	39	3.00	20	51	37.14	C47	
48	昆明	雲南省	西南地區	67.59	44	3.07	29	45	2.95	28	47	3.06	26	48	36.16	C48	
49	廣州市區	廣東省	華南地區	95.58	09	2.96	18	51	2.97	21	51	2.96	17	54	34.72	C49	
50	東莞其他	廣東省	華南地區	69.23	36	2.94	15	54	2.90	37	41	3.03	23	50	34.46	C50	
51	深圳郊區	廣東省	華南地區	93.77	11	2.94	15	54	3.01	18	53	3.04	25	49	34.07	C51	
52	佛山	廣東省	華南地區	75.40	33	3.07	29	45	3.07	11	58	3.15	32	43	33.82	C52	
53	長沙	湖南省	華中地區	70.08	35	2.99	26	48	2.94	29	46	2.87	14	56	33.68	C53	
54	福州市區	福建省	華南地區	74.02	34	2.83	09	59	2.85	46	35	2.77	10	58	33.30	C54	
55	河源	廣東省	華南地區	11.76	65	3.09	35	41	2.90	37	41	3.21	42	37	32.79	C55	
56	東莞長安	廣東省	華南地區	69.23	36	3.10	39	40	3.05	15	55	2.62	06	61	31.25	C56	
57	東莞清溪	廣東省	華南地區	69.23	36	2.96	18	51	3.09	07	60	3.21	42	37	30.25	C57	
58	深圳市區	廣東省	華南地區	93.77	11	2.96	18	51	3.11	06	61	2.96	17	54	29.67	C58	
59	惠州	廣東省	華南地區	51.41	56	2.89	10	58	2.95	28	47	2.89	15	55	24.68	D59	暫不推薦
60	東莞市區	廣東省	華南地區	69.23	36	2.76	04	62	3.05	15	55	2.79	12	57	21.95	D60	
61	東莞虎門	廣東省	華南地區	69.23	36	2.81	07	60	3.02	17	54	2.55	04	62	22.27	D61	
62	東莞樟木頭	廣東省	華南地區	69.23	36	2.77	06	61	3.08	09	59	2.72	09	59	20.39	D62	
63	泉州	福建省	華南地區	62.02	48	2.70	01	63	3.17	04	63	2.53	03	63	14.50	D63	
64	保定	河北省	華北地區	50.42	57	2.70	01	63	3.17	04	63	2.48	01	64	11.78	D64	
65	泰州	江蘇省	華東地區	38.56	61	2.31	00	65	3.80	00	65	1.88	00	65	7.71	D65	

資料來源：本研究整理

■ 表15-3 五年度推薦城市比較分析

	2004年推薦城市		2003年推薦城市		2002年推薦城市		2001年推薦城市		2000年推薦城市
極力推薦	杭州蕭山、上海閔行、成都、揚州、徐州、無錫江陰、嘉興、天津市、蘇州昆山、汕頭、大連、南昌、臺州、濟南、青島	**極力推薦**	杭州蕭山、青島、無錫、上海市區、寧波市區、大連、蘇州市區、成都、杭州市區、揚州	**極力推薦**	蘇州、無錫、寧波市區、蘇州昆山、杭州蕭山、揚州、杭州蕭山、青島	**優先推薦**	蘇州、昆山、吳江、餘姚、寧波、無錫	**大力推薦**	蘇州、嘉定、寧波、奉化、蕭山、餘姚、吳江、奉化、蕭山
值得推薦	蘇州市區、南京市區、蘇州太倉、寧波市區、漳州、紹興、寧波餘姚、上海松江、常州、莆田、福州、南通、重慶、江門、上海浦東、北京市區、廈門、寧波奉化、中山、蘇州昆山、東莞厚街、蘇州吳江、武漢、上海郊區	**值得推薦**	中山、汕頭、廈門、上海寶山、上海松江、珠海、上海浦東、上海閔行、福州、常州、鄭州、上海市郊區、蘇州昆山、濟南、漳州、潘陽、上海嘉定、重慶、南京、大連、北京、惠州、武昌、深圳福田、南京、天津市、蘇州吳江、廣州市區、深圳龍崗	**值得推薦**	寧波奉化、中山、蘇州、鄭州、吳江、上海市區、揚州、成都、天津、大連、廈門、鄭州、惠州、長沙、彰州、南京、桂林、石家莊、汕頭、珠海	**可予推薦**	福州、保定、惠州、揚州、鄭州、天津、常州、揚門、中山、武漢、廈門、泰安、青島、成都、上海、溫州、杭州、南京、鎮江、北京、蕭山、大連、珠海、濟南、奉化、南寧、廣州、桂林、南寧、鄭州、西安、長沙、鄭州、石家莊	**可予推薦**	昆山、佛山、大連、清遠、武漢、成都、北京、廈門、廣州、潘陽、深圳、青島、杭州、珠海、惠州、中山、上海、南京、東莞、常州、無錫、天津
勉予推薦	無錫市區、杭州市區、桂林、北京郊區、深圳龍崗、南寧、鎮江、深圳寶安、上海嘉定、東莞石碣、昆明、東莞其它、廣州市區、深圳龍崗、福州郊區、河源、東莞長安、東莞清溪、深圳市區	**勉予推薦**	深圳其它、深圳市區、南寧、鎮江、東莞虎門、東莞、莆田、東莞清溪、寧波餘姚	**勉予推薦**	武漢、北京、佛山、濟南、鎮江、福州市區、餘姚、常州、昆明、溫州、深圳布吉、廣州、深圳龍崗、深圳、深圳寶安、福州福清、重慶	**暫不推薦**	汕頭、海口、東莞	**不擬推薦**	汕頭、福州、西安
暫不推薦	惠州、東莞市區、東莞虎門、東莞樟木頭、泉州、保定、泉州、保定、東莞長安、東莞其它、泰州	**暫不推薦**	佛山、泉州、東莞石碣、溫州、東莞市區、東莞長安、東莞其它、泰州	**暫不推薦**	南寧、保定、莆田、南昌、泉州、東莞	**絕不推薦**	黃岡、湛江	**暫不推薦**	黃岡、哈爾濱

資料來源：本研究整理

今，青島前灣港海關與鄭州海關、洛陽海關、西安海關、寶雞海關、成都海關、綿陽海關、烏魯木齊海關等七處內陸海關開通了鐵路進出口轉關業務，聯繫西部貨物運輸網路。此便利運輸，也使青島歷年來一直為台商心中極力推薦城市。

本年度與2003年排名比較，以天津排名上升最多，天津為歷史古都，挾帶歷史累積優勢，本年度從值得推薦城市躍上極力推薦城市，天津近來也有一連串積極招商動作，如天津市國稅局辦理陳年欠稅，兌現「老帳不欠」承諾；實施66項重大高新技術產業化專案，其中對自主知識產權產業化專案關注，促進了科技與經濟的緊密結合；工業繼續保持快速增長的良好形勢，重工業增長快於輕工業。如今，天津市財政局將市出口發展基金增加到5,000萬元，加強資金管理，提高使用效率，同時推行鼓勵擴大產品出口、應對出口退稅影響、激勵企業開發市場、加快軟體出口基地建設等鼓勵政策。今年不只受台商青睞，在中國大陸2003年企業家信心指數創1999年來新高。此外，在本年度由值得推薦城市上升到極力推薦城市尚有上海閔行、蘇州昆山與濟南。其中昆山往年即為極力推薦城市行列之一，僅2003年排名約略下滑，2004年又回到原先排名，此可能和其講求效率、創新精神有關，目前昆山面臨產業轉型，積極引入TFT和IC等高技術產業，並以誠信為本、服務至上，進行親商政策；瞭解開發區為昆山經濟發展主力後，將產業轉向精緻型轉變、資源利用向集約型轉變、園區發展向內涵型轉變、發展動力向主要依靠體制機制和人才優勢轉變，抓好重點專案、配套服務，進一步明確產業定位，講求發展與穩定並重，成為台商推薦主力城市。濟南近3年則是呈現一路上升之趨勢，2004年集中對外商發表招商優惠政策，顯示鼓勵外資進入之決心，為濟南加分不少。

在上升排名中，揚州、成都仍維持於極力推薦行列，但名次皆有上升。南京市區與漳州則屬名次上升但維持於值得推薦城市之列。這些城市未來均有可期之處。

排名下降中，以無錫市區下降排名最大，其次有福州市區、杭州市區、惠州、上海市區等。評價以無錫市區（A→C）、杭州市區（A→C）、惠州（B→D）下降幅度最大，各下降兩級。依台灣《聯合報》（2003.12.17）報導，儘管無錫自古是江南漕運中心和工商重鎮，中國大陸第一大米市，但走過經改20年，在長江三角洲經濟發展的版圖上，卻被昆山、蘇州搶盡風采。主係因其招商政策往往慢一拍，當其它大城以免費招待吸引投資客參訪，2002年的無錫卻以招商「三不」：不送禮品、不排觀光、不排住宿為訴求，2003年又提出「新三不」：不壓指標、不湊數目、不走形式，因此招商上吸引力略顯弱勢。加上2004年度台商在無錫之親身感受反應於問卷上，相較2003年投資環境和投資風險受評皆下滑，其中，無錫正投入積極建設

生活環境，因此於建設期間導致之便利性降低也可能是評比下降因素之一，上述因素皆導致今年無錫自極力推薦城市下滑至勉予推薦城市。

和其它城市比，福州原有基礎不好，福州要拓展，原有的道路不夠，新建道路的話，拆遷工程量太大，建設工作開展困難。此外，福州沒有強有力的經濟支柱，雖然引進了市場機制運作，但是要大力發展、改造城市面貌，建設資金還是比較短缺的。因此，福州最主要的問題仍係自然環境以及城市內部交通性便利性不足所致。

杭州市區今年度由極力推薦城市下滑至勉予推薦城市，因與蕭山地理位置相近，兩相比較，受杭州蕭山評比第1之影響不可謂無，此外，在台商評比各項指標中，投資環境所有構面指標皆下滑，投資風險主係勞資糾紛、台商人身安全性，法令執行與協商性、司法機關不公等風險性上升，加上經濟、經營風險皆提高，導致本年度排名下滑級距極大，此外，嚴重的缺電問題，也是使杭州市區排名下滑影響重點之一。

其中最受矚目的應是上海，本年度不論市郊區皆屬下滑趨勢，此可能與過去發展至今已過於飽和，加上鄰近城鄉發展稀釋上海本市優勢影響所致，經歷多年的高度經濟成長，大批台、外商企業進駐後，飽和度提升，引發軟、硬體建設老化，或不敷使用，自然很難讓台商維持高滿意度。惠州由2003年值得推薦下滑至暫不推薦城市，主要為投資環境成績低滑，然往年的成績皆為值得推薦城市，因此投資環境評比丕變值得注意。中山、廈門與深圳市區雖然名次皆有下降，但是仍維持於與2003年度同一推薦行列，此可能係因此三城市為早期台商入駐密集地，因此，早期優勢已被現今其餘發展城市模仿，比較其餘招商政策推陳出新的新城市，台商滿意度自有降低，以致城市競爭力下降。

整體而論，缺電問題在大陸一直是備受矚目的關鍵問題，許多城市下滑多因是能源不足所致。此外，中國大陸地大人多，每一城市近幾相等一小國，城市競爭不遑相讓，由排名下降城市可發現，早期台商進入中國大陸投資之城市，現已因過於密集導致飽和影響其競爭力，加上競爭優勢被其它新進城市模仿而喪失，導致推薦排名下滑，尤其以華南城市可見一斑。此一現象帶來的優點是可將東西岸、南北區域差異漸之減少，但是同時有著其它城市軟硬體設備是否可供應如此龐大需求之風險。在另一方面，面對如此競爭強大的情形，上述早期發展之城市如何維持或創新競爭優勢，可說是各城市之重要課題。

第四篇

案例分析篇

台商在大陸經商常發生糾紛，

所以必須以史為鑑，

始能避免重蹈覆轍……。

16. 大陸台商經貿糾紛案例

（感謝李永然、曾文雄及賴文平三位先生提供以下案例）

16 大陸台商經貿糾紛案例

案例一　合營糾紛：大陸台資企業結束未清算的法律責任

一、案例背景

對象	合營企業	性質	其它糾紛

　　A公司的甲先生是一位在大陸從事成衣出口的獨資台商，但由於對大陸投資環境不熟悉且資金方面週轉困難，經營兩年後終因企業經營困難，不得不結束企業營運。但甲先生投資的A公司對外尚有欠款未償還，且結束營業前進口原材料轉廠加工未核銷。甲先生卻一走了之，其中可能會涉及法律責任、行政責任、經濟責任與刑事責任。

二、糾紛過程、解決方式與結果

　　按大陸《中外合資經營企業法》、《中外合作經營企業法》、《外資企業法》及其實施細則規定，外商投資企業因經營困難欲提前終止經營時，除應經董事會決議、報原審批機關核准同意後，一般由董事會成員組成清算委員會依《外商投資企業清算辦法》的規定，在企業資產超過負債時依普通清算進行，企業資產低於負債，即所謂資不抵債時，依特別清算程序清算，待清算終結作出清算報告並提交有關機關核准後，方能辦理企業營業執照註銷登記。

　　很不幸的是絕大部分經營失敗結束營業的台商企業並不採取上述合法清算方式，而是「一走了之」留下一堆爛攤子。

　　本案例要注意的是，這裡討論的台商應定位在台商獨資或在中外合資、合作中以台籍人士為企業負責人的情況，因為如以大陸籍人士為企業負責人，通常他們都是合資、合作的國有或集體企業委派來的董事兼法人代表，遇有企業經營困難及中方為法人代表時，中方一般都會出面指導企業完成清算程序，較無上述行政、經濟（或稱民事責任）或刑事責任問題，台商投資者僅是賠錢走人而已。

（一）未清算企業的行政責任問題

　　所謂行政責任是企業因違反法律、行政法規所禁止的行為或不作為而引起的行

政上必須承擔的後果。行政責任一般屬於違反較輕微的情形，在未清算的企業中主要是違反企業法人登記條例中的清算程序、註銷登記等公司登記程序的法定程序。行政責任的承擔分為兩部分：

1.企業承擔的行政責任

《中外合資經營企業法實施條例》第91條；《外資企業法實施細則》第73條和《中外合作經營企業法實施細則》第49條均有規定企業結束經營時除應報經主管機關審核外並應依法進行清算程序，按《外商投資企業清算辦法》（以下稱清算辦法）第8條：企業進行清算，應當由企業權力機構成立清算委員會，清算委員會應當自清算開始之日起15日內成立。

因此三資企業如結束經營未由董事會成員（權力機構）組成清算委員會進行清算，其行政責任主要係依《公司登記管理條例》第66條公司破產、解散、清算結束後，不申請辦理註銷登記的，由公司登記機關吊銷營業執照。

第64條：公司進行清算時，不按規定通告或公告債權人的，處以人民幣（以下同）1萬元以上10萬元以下的罰款。「吊銷營業執照」或「處1萬元以上10萬元以下罰款」是企業結束未清算的主要行政責任。

2.企業負責人的行政責任

除非負責人在公司成立後抽逃出資或有重大刑事責任依法承擔民事或刑事責任外，未進行清算的企業負責人依《企業法定代表人登記管理規定》第4條規定：擔任因違法被吊銷營業執照的企業的法定代表人，並對該企業違法行為負有個人責任，自該企業被吊銷營業執照之日起三年內不得擔任新成立企業的法人代表。

（二）未清算企業的民事責任或經濟責任

所謂民事責任，是指民事法律關係的主體沒有按照法律規定履行自己的義務所應承擔的法律後果。在企業結束營業未清算的情況（如企業歇業、被撤銷、或被吊銷營業執照等）最主要的民事責任表現在債權的求償上，例如買賣合同的賣方債權人請求貨款。企業結束，董事會依法組成清算委員會，在清算期間，清算委員會代表企業應訴自無問題，即在有清算委員會應訴的情況下，債權人僅得以企業為債務人請求（有限責任公司即是，但如為非法人組織的中外方投資者，可能為負連帶清償責任）這是企業法人債務應由企業法人算自己的財產來清償的法人能力基本原則。但如未清算，沒有成立清算委員會時，此時債權人應以何人為被訴主體？債務應由企業自身以企業財產清償？或另由其它人承擔？大陸的地方法令解釋即形成了由企業承擔、由投資方承擔的不同見解：

1.由企業承擔民事責任

上海市高級人民法院審判委員會第27次會議通過《關於在民事訴訟中企業法人終止後訴訟主體和責任承擔的若干問題的處理意見》，其中第9條規定，企業法人終止後的民事責任承擔(一)企業法人依法被吊銷營業執照、被撤銷或歇業後、應當依法成立清算組，對原企業進行清算，並以原企業的財產對外獨立承擔民事責任。(二)企業被吊銷營業執照、被撤銷或歇業後，未按規定成立清算組，法院變更有關清算責任人爲被告的，應當判決清算責任人在判決生效之日起3個月內對原企業進行清算，並以清算後的財產承擔責任。清算責任人一般不承擔原企業債務的清償責任。

但清算責任人如有虛假出資、註冊資金投資不到位或抽逃註冊資金或占有、侵吞、藏匿、轉移原企業財產對債權人造成損害的，應當在其違法範圍內承擔相應民事賠償責任。

2.由投資方承擔民事責任

上述《處理意見》第4條雖對企業法人歇業後訴訟主體，如該企業已處於事實上無人管理狀態，導致債權人無法向其主張權利時，債權人可將歇業企業與其清算責任人列爲共同被告提起訴訟，仍應受上述原則由企業承擔債務的約制，庶符合公司法有限責任公司的內涵，否則在未清算清況下，即可將有限責任轉換成負「無限連帶責任」不啻是制定新法律限制人民權利！這是違反《立法法》限制人民權利應以立法法律爲限的要求。

此見解已將公司人格否定說的法律理論極大化，將行政程序中的清算程序作爲公司人格否定說的原因，課企業結束未進行清算的股東連帶責任。其實與有限責任公司債務承擔應由公司本身負擔的本質有異。

（三）未清算企業的刑事責任

公司投資者或董事會成員於公司歇業時未組成清算委員會進行清算程序的主要原因是公司負債大於公司資產（即資不抵債）。公司負債項目最大的是積欠貨款，這涉及買賣合同詐騙罪問題；或欠稅則涉及走私罪問題；或在買賣過程中以票據支付，屆期不獲兌現時的金融詐騙罪，或在清算過程中的妨害清算等刑事責任。

三、案例啓示

從事企業經營，難免有算錯之時，所謂天有不測風雲，在企業發生困難時即刻決定依《外商投資企業清算辦法》組成清算委員會，如負責人或董事有不方便之

處，亦可委託律師、會計師或適當人員組成清算組，進行清算，並準備一段時間的
應訴過程，清算結束後才能無債一身輕。

案例二　合營糾紛：合資一方不履行出資義務怎麼辦

一、案例背景

對象	合營企業	性質	合同的條款

　　甲先生在大陸設立的A公司與一國營企業簽訂合資合同、章程等，並已報經主管機關審批，取得批准證書和營業執照副本。甲先生已經依照合同約定分批匯入我方的投資金額，但中方竟違約並推托無錢投資，甲先生該如何保障其權益？

二、糾紛方式、解決過程與結果

　　對於合資或合作企業一方違約不履行合同或章程的約定注入投資資金的情形通常有四種：（一）完全不注入資金；（二）注入部分資金；（三）拖延（或遲延）注入資金；（四）注入資金後，以各種名目抽逃資金。

　　對於以上（一）至（三）種情況，首先應考量到資金自保，免受違約方挪用的緊急應變措施，其方法有一、取得公司公章、合同專用章及銀行帳目往來印章，以免違約方在外胡作非為或挪用公款（大陸刑法第272條有挪用公司資金罪的處罰條文）。其次是詳讀所訂合同、章程中有關合營各方出資期限、出資金額、數量，再看違約責任如何約定一方違約時如何處理的條款，最好找到爭議解決的條款是約定由法院判決或由仲裁機構裁決，拖久了，夜長夢多，將使合資公司陷於進退兩難，此時有以下方法：

　　一是依合同、章程約定對違約採起訴或申請仲裁，請求解除合同、章程並取回投資金額。（實務上有認為公司已經成立，終止經營應經清算程序。）

　　二為依照1997年《外商投資企業投資者股權變更的若干規定》（下稱《若干規定》）第2條第（七）項：「企業投資者不履行企業合同、章程規定的出資義務，經原審批機關批准，更換投資者或變更股權」，亦即經此程序後可以再找另一位合資對象或由合資變更為「外商獨資」，由守約方自由選擇，執行上述規定時可以依據《若干規定》第15條由守約方有權單方面向審批機關申請變更，守約方投資者除應報送：（一）投資者股權變更申請書；（二）企業原合同、章程及修改協議（如變更為外商獨資無需協議）；（三）企業批准證書和營業執照複印件；（四）企業投資者股權變更後的董事會成員名單；（五）由中國大陸註冊的會計師為企業出具的驗資證明（註：理論上是守約方已依合同約定匯入的註冊金額的驗資，而非全部資

金到位的驗資）；（六）守約方催告違約方繳付或繳清出資的證明文件，如有新投資者參股，還應向原審批機關報送新投資者的合法開業證明和資信證明。

如違約方已經按照合同、章程規定繳付部分出資的，還應向審批機關報送企業對違約方的部分出資進行清理的有關文件。

三、案例啓示

以上規定對違約方未出分文資金的情況比較簡單，但對於要報送違約方已繳付部分資金而由「企業」對違約方的部分出資進行清理的有關文件究為何種性質？是公文件或私文件？如何清理亦無法令規定。最好的方式是對違約方訴訟或仲裁取得公文書為依據較妥，以上方法在1988年的《中外合資經營企業合營各方出資的若干規定》第7條有相同的規定，可以參考。

案例三　合營糾紛：董事、職工營私舞弊有何刑事責任規定

一、案例背景

對象	合營企業	性質	刑事責任

　　甲先生在大陸投資的獨資A企業，其董事和受僱的員工進行營私舞弊，甲先生可以依照大陸當局公布的刑事責任對董事和員工進行處罰。

二、糾紛過程、解決方式與結果

　　台商在大陸投資的合資、合作、獨資企業或舉辦來料加工廠，該企業的董事或受聘職工（含總經理、副總經理、經理、總會計師、總工程師，及全體的受僱員工）如對公司（廠）財產進行營私舞弊，依目前中國大陸所公布的刑事法律有如下的幾種刑事處罰規定：

（一）盜竊罪

　　是指以非法占有為目的，秘密竊取公司財務的行為。按大陸《刑法》第151條為：盜竊數額較大的處5年以下有期徒刑、拘役或管制，第152條係盜竊數額巨大的處5年以上10年以下有期徒刑，情節特別嚴重的處10年以上有期徒刑或無期徒刑，可以併處沒收財產。依據1991年12月月30日最高人民法院、最高人民檢察院《關於修改盜竊罪數額的通知》的規定：(一)個人盜竊公私財物「數額較大」的，一般可以人民幣（以下同）300～500元為準；少數經濟發展較快地區，可以600元為準。(二)個人盜竊公私財物「數額巨大」的一般以3,000元～5,000元為準，少數經濟發展較快地區可以6,000元為準。(三)「數額特別巨大」的一般可以20,000～30,000元為準，經濟發展較快的可以40,000元為準。

（二）侵占罪（或侵占他人財產罪）

　　大陸《刑法》中並無明文訂有侵占罪，這是最高人民法院於1989年11月6日核准，依照《刑法》第79條關於類推規定後，比照《刑法》第152條的規定而有了「侵占罪名」，按侵占罪是指以非法占有為目的，將自己所有的公司財務轉為己有，數額較大的行為。侵占罰依前開類推，即比照前述盜竊罪的法定刑處罰。

（三）董事、監事、職工「挪用公司資金罪」

　　1995年 2月28日人大常委會公布施行了《關於違反公司法的犯罪的決定》，其第11條規定：公司董事、監事、或職工利用職務上的便利，挪用本單位資金歸個人

使用或借貸給他人，數額較大，超過3個月未還的，或者雖未超過3個月，但數額較大，進行營利活動的，或進行非法活動的，處3年以下有期徒刑或拘役。挪用本單位資金數額較大不退還的，依照「侵占罪」論處。

三、案例啓示

台商赴大陸投資，對於當地環境不熟悉，在用人方面要特別小心，而當發生糾紛時，一定要熟稔大陸有關的法律規定，以保障自己的權益。

本案例的參考法規：

1. 中共刑法第151、152條。

2. 關於懲治違反公司法的犯罪的決定。

案例四　合營糾紛：三資企業向股東借款的法律關係與實務

一、案例背景

對象	合營企業	性質	境外借款糾紛

　　甲先生是對大陸有相當瞭解的台商，由於明瞭中外合資、合作或獨資企業法中，均明文規定企業在經營期間不得減少註冊資本，為了避免資金進入大陸後沒有合法管道出境。因此，甲先生在設立A企業之前即將註冊資金儘量壓低、減少，如非要達到一定生產規模，也儘量以機器設備、廠房、土地使用權或其它專有技術來充當資金。總之，將來的生產流動資金規劃以境內外借款方式，以便操作利潤合法進出或留存境外。

二、糾紛過程、解決方式與結果

　　由於中外合資或合作企業合同中的投資總額可以含企業借款（中外合資經營企業法實施條例第20條；中外合作經營企業法實施細則第15條參照），依照大陸工商行政管理局關於中外合資經營企業註冊資本與投資總額比例的暫行規定（1987年3月1日），投資總額與註冊資本間的差額是允許在中國大陸境內外借款的。

　　本案例就台商投資三資企業缺少資金，在無法向當地銀行取得信貸轉向股東借款時，台商如何合法操作境內外借款，以便保障自身權益，提供下列參考。

　　三資企業向股東（投資者）借款的思考種類計有：

（一）企業向境內個人股東借款

　　依照最高人民法院《關於人民法院審理借貸案件的若干意見》，三資企業是可以向中國大陸境內個人借款的，但由於前述中外合資、合作企業法中不允許中國大陸的個人作為合資、合作企業的股東，因此，三資企業投資人中並不存有中國大陸的個人，此思考方向是行不通的。

　　如果是轉而向住在中國大陸的外方投資個人股東（如台商個人）借款，這又屬於下文討論的企業向境外個人股東借款的問題。

（二）企業向境內法人、企業或其它經濟組織股東借款

　　由於中國大陸銀行或公司法相關規定，不允許非金融機構承作經營範圍以外的金融貸款業務，除非三資企業中方股東是金融業，可以依銀行信貸規定借款外，中方的法人、企業或其它經濟組織股東是不能借錢給三資企業的。這一點也是一般中

方股東拒絕借錢的最大理由之一。

（三）企業向境外法人、企業或個人股東借款

中國大陸的《外匯管理條例》是允許向外國借款的，即所謂外債，係中國大陸境內的機關、團體、企業（含國有、集體、私營或三資企業）、事業、金融機構或其它機構對中國大陸境外的國際金融組織、外國政府、金融機構、企業或者其它機構用外國貨幣承擔的具有契約性償還義務的全部債務，借款單位向在中國大陸境內註冊的外資銀行和中資合資銀行借入的外匯資金視同外債，實務上向境外個人借款也可允許以外債借款方式核准。

三資企業如向境外法人、企業或個人股東借款時應注意事項：

1. 中國大陸實行外債登記管理制度

由於外商投資企業實行的是超國民待遇，其外債的借用是不需要事先經過批准的，僅需在借債後辦理登記手續。但為了外債正常匯入及將來償還時正常匯出，實務操作上都在簽訂外債貸款合同後，即時向當地人民銀行外匯管理局申請「外債簽約定期登記」，外債簽約定期登記是按借款合同逐筆填寫的。三資企業借用外債前提，是註冊資本按投資合同規定如期到位方可允許借用外債，且中長期外債的累計金額不得超過大陸有關部門審批的投資總額與其註冊資本的差額。

2. 登記後由外匯管理局核發給借款企業「外債登記證」

3. 採用對外擔保以保障借款債權

依據中國大陸人民銀行於1996年9月25日公布的《境內機構對外擔保管理辦法》和1998年1月1日起由國家外匯管理局公布的《境內機構對外擔保管理辦法實施細則》等規定指出，對外擔保是指中國境內機構（境內外資金融機構除外）以保函、備用信用證、本票、匯票等形式出具對外保證，以《中華人民共和國擔保法》中第34條規定的財產對外抵押、或者以擔保法第4章第1節規定的動產對外質押、和第2節第75條規定的權利對外質押，向中國大陸境外機構或者境內的外資金融機構承諾，當債務人未按照合同約定償付債務，由擔保人履行義務。

又外匯管理法規另規定，擔保人不得為外商投資企業註冊資本提供擔保；也不得為經營虧損企業提供對外擔保；未經批准不得將對外借債兌換成人民幣。

4. 提供的對外擔保可以是

（1）三資企業的資產，如土地使用權、廠房建物、機器設備、專利、商標權等。（2）投資股東的股權。中外合資經營企業合同中，均明確約定了中方或外方的投資股權比例，當合資企業需要向境外借款時，可以經董事會及中外方會議決議

以中外方的投資股權設定「權利質押」對外擔保，萬一借款無法償還時，即可依法拍賣或變賣或折價方式以股權代償欠款。

三、案例啟示

台商一般認為跑外匯管理局辦事很麻煩、很困難，其實外管局肩負大陸重要外匯管制工作，他們的員工文化水平皆為大專以上，並有一定的辦事程序和辦理時限，外管局也都準備了外匯業務實用手冊及申請表格供申請使用，快速便捷，合法保障，台商應改變違法匯款的危險方式！

案例五　勞動糾紛：公司應否補發員工被拘留期間工資

一、案例背景

對象	三資企業	性質	應否補發工資

　　甲先生的A公司有一位員工陳某下班在外涉嫌一宗打架傷害被公安機關刑事拘留偵查，拘留期間由於查明陳某並不具備傷害刑事條件，公安機關遂將已被拘留15天的陳某釋放。陳某回廠工作，但於領取上月工資時，甲先生因為陳某實際僅工作15天，扣減陳某被拘留15天的工資，所以陳某無法領取到工資。陳某主張他的拘留是被冤枉的，公安機關開釋他表示他是無罪，公司不該扣減他被拘留15天的工資，請問甲先生拒不發給陳某被拘留15天工資合法嗎？

二、糾紛過程、解決方式與結果

　　大陸刑法中的「拘留」，是指公安或司法機關對特定的人的時間關押，此在《刑事訴訟法》第61條規定：公安機關對於現行犯或者重大嫌疑分子，如果有下列情形之一的，可以先行拘留：如（一）正在預備犯罪、實行犯罪或者在犯罪後即時被發覺的；（二）被害人或者在場親眼看見的人指認他犯罪的；（三）在身邊或者住處發現有犯罪證據的等七種情況，公安機關拘留人時，必須出示拘留證，並在拘留後的24小時內進行訊問，發現不應拘留的必須立即釋放，如認為需要逮捕，應當在拘留後的3日內，提請人民檢察院審查批准。

　　陳某被拘留15天後始釋放，公安機關是否違法拘留不在本案例討論，公司拒發拘留期間有否合法？按工資報酬的領取與其依勞動合同付出的勞動義務直接有關，而且是緊密關聯的，公司要給付陳某30天工資，是在陳某相對的提供30天的工作勞動下，陳某方可請求用人單位給付，陳某在被公安機關拘留15天期間，並未為其公司提供勞動工作，依據勞動部1995年8月11日《關於貫徹執行〈中華人民共和國勞動法〉若干問題的意見》第28條規定：勞動者涉嫌違法犯罪被有關機關收容審查、拘留或逮捕的，用人單位在勞動者被限制人身自由期間，可與其暫時停止勞動合同的履行。

三、案例啟示

　　暫時停止履行勞動合同期間，用人單位不承擔勞動合同規定的相應義務。但本

案例中的陳某經證明被錯誤限制人身自由的，暫時停止履行勞動合同期間勞動者的損失，可由其依據大陸《國家賠償法》要求有關部門賠償。因此，勞資雙方遇到此一糾紛時，應先確定勞動者是為何原因而不能履行勞動合同。

案例六　勞動爭議：企業無組建工會，應否撥款工會經費

一、案例背景

對象	三資企業	性質	應否撥交工會經費

　　甲先生在上海郊縣某地成立一家外商獨資企業，開業不久，當地勞動局人員來廠告知，要求甲先生的公司按大陸《工會法》規定，每月按企業全部職工工資總額的2%撥交給勞動局工會經費。而甲先生回答：本企業中尚無組建工會，依法不用交。但勞動局人員告知按大陸法律規定，企業「應當組建工會」不得違反，企業也不能以尚未組建工會拒交工會經費，而且勞動局可以依法自動從企業的銀行帳戶每月劃撥2%的工會經費。甲先生現在不清楚是否有勞動局人員所述的法律規定？

二、糾紛過程、解決方式與結果

　　本案例涉及到三個問題即：（一）是否有法律規定企業必須組建工會？（二）尚未組建工會的企業是否仍然必須每月撥交2%的工會經費？（三）企業如果拒絕撥繳，勞動局強制從企業銀行帳戶劃扣，企業該如何應對？簡答如下：

（一）大陸並沒有法令規定企業必須組建工會

　　按《工會法》第2條：工會是職工自願結合的工人階級的群眾組織，本條揭示了工會是一種「自願性結合」原則，即可以結，也可以不結；條文中更顯示了工會只能由「工人」組建工會，企業沒有權利亦無義務組建工會。《勞動法》第7條：勞動者有權依法參加和組織工會，文中顯示的「依法」即係依大陸憲法人民有「結社」的權利，即可以結社組建工會，亦可以選擇不結社、不組建工會，大陸並無法令規定企業必須組建工會。

（二）企業內尚無工會組織的，企業不必每月撥繳工會經費

　　按《工會法》第42條第2款規定：建立工會組織的企業按每月全部職工工資總額的2%向工會撥繳經費。以條文中規定的先決條件是企業中已經有「建立」工會組織，即企業已有工會組織存在為前提，條文前的「建立」是完成式，而非尚未完成式。又條文中也明訂了企業是向企業內的「工會」撥繳經費，而非向「勞動局」或上級工會撥交，這也符合大陸工會經費60%留存企業工會使用，40%上交上級工會的程序規定。《工會法》第42條第3款規定：工會經費主要用於為職工服務和工會活動亦同此意。

（三）企業不交工會經費時，勞動局或工會（含企業內工會或上級工會）不能從企業的銀行帳戶中劃扣

　　早期許多的台商對當地行政機關動輒以銀行凍結或劃扣金額要脅印象仍深，近幾年來大陸當然出現許多規定，除非依據法律規定，否則不准以地方規定任意對企業銀行帳戶劃扣金額，以保障人民財產權利，其實《工會法》第43條即規定了，不論有否工會組織，勞動局或上級工會只能透過人民法院的程序取得執行依據後，方可對企業的資產進行強制執行，大陸銀行不會允許勞動局或工會無法律裁定或判決劃扣企業資金的。

三、案例啟示

　　台商赴大陸投資時，應熟稔相關法律規定，遇到不清楚或有質疑的規定，不要驚慌，可以詢問台商服務機構，不要只單獨聽信大陸當局人員的片面之詞，才能確保自己的權益。

案例七　勞動爭議：合同終止，雇主應否支付勞工經濟補償

一、案例背景

對象	三資企業	性質	經濟補償爭議

　　甲先生在上海從事成衣出口企業，現在面臨到一個疑問：勞動合同終止，甲先生應否支付勞動者經濟補償？上海地區有無特別規定？

二、糾紛過程、解決方式與結果

　　1995年11月23日上海人民政府公布並於1996年1月1日起施行的《上海市勞動合同規定》第27條訂明：原執行固定用工制度的勞動者，在實行全勞動員合同制後，勞動合同期滿，用人單位不願與其續訂勞動合同的，根據勞動者在本單位工作年限，每滿1年支付相當於其本人1個月工資收入的補償金，補償金一般不超過其本人12個月的工資收入；在本單位工作年限未滿1年的，按1年標準支付補償金。

　　這是勞動合同期限屆滿的「經濟補償」的法令規定，而同辦法第28條有關用人單位與勞動者協商提前中止解除勞動合同的經濟補償，以及第29條勞動者依法隨時中止解除勞動者合同的經濟補償，用人單位也都應依照第27條的經濟補償的計算方式，給付勞動者一定的補償金；然而27條的期限屆滿不續訂勞動合同應給付補償金的「勞動者」，在條文中是有「特殊對象」的，亦即具備了27條條文中所規定的具有特殊背景的職工，方可請求期限屆滿時的補償，否則不具備此背景的職工是不能依27條請求補償金的。

　　台商應注意27條條文中有：原執行「固定用工制度的勞動者」，方能享有期限屆滿經濟補償金請求權，何謂固定用工制度的勞動者？按這是大陸勞動制度早期，即1986年勞動四文件施行前的一種「固定職工」的用工方式，亦即是台灣通稱的吃大鍋飯的職工，他們是經過「國家」勞動人事部門正式分配、安排和批准招收錄用的無規定工作期限的職工。所謂的這些固定職工的工資一般是衹有升不能降（鐵工資）；職務是衹升不降（鐵交椅）；工作是衹進不能退（鐵飯碗），勞動者一旦成為「固定職工」，不論工作好壞，只要沒有重大過失，其就業崗位（職位）就能一直保持至退休，退休後仍再給原企業或單位供養。

案例八　勞動爭議：台商能否合法延長加班加點

一、案例背景

對象	三資企業	性質	延長工作時間

　　台商A在40小時週工時及5 天工作制下欲讓在大陸廠之勞動者加班加點，是否有法源可否合法執行。

二、糾紛過程、解決方式與結果

　　台商A在40小時週工時及5 天工作制下欲讓在大陸廠之勞動者加班加點，但是遭受勞動者質疑法源依據，依《勞動法》第41條規定工作時數每日不得超過3小時，每月不得超過36小時。因此台商A於請教專家意見後提出下列依據：

（一）「依法讓職工加班加點」的法令依據何在

　　在《國務院關於職工工作時間的規定》第6條中規定：任何單位不得擅自延長職工工作時間，因特殊情況和緊急任務確需延長工作時間的，按照「大陸」有關規定執行。因此延長工時已經有了例外規定。

（二）《勞動法》第42條規定

　　有下列情形之一的，延長工作時間不受本法第41條規定的限制：

　　1.發生自然災害、事故或者其它原因，威脅勞動者生命健康財產安全，需要緊急處理的；

　　2.生產設備，交通運輸線路，公共設施發生故障，影響生產和公眾利益，必須及時搶修的；

　　3.法律、行政法規規定的其它情形。（註：行政法規即國務院公布的法規稱之。）

（三）《國務院關於職工工作時間的規定》的實施辦法（1994年2月8日）第7條規定

　　各單位在正常情況下不得安排職工加班加點，下列情況除外：

　　1.在法定節日和公休假日內工作不能間斷，必須連續生產、運輸或營業的。

　　2.必須利用法定節日或公休假日的停產期間進行設備檢修，保養的。

　　3.由於生產設備，交通運輸路線、公共設施等臨時發生故障，必須進行搶修的。

4. 由於發生嚴重的自然災害或者其它災害，使人民的安全健康和國家資財遭到嚴重威脅，需要進行搶救的。

5. 為了完成國防緊急生產任務，或者完成上級在國家計畫外安排的其它緊急生產任務，以及商業、供銷企業在旺季完成收購、運輸、加工農副產品緊急任務的。因此，台商A在發生上述情形時，則應可以合法要求勞動者加班加點。

三、案例啟示

若台商可以認真詳讀勞動法規定，必可從法條中找出合理之法條依據。

本案例參考法規：

1.勞動法，1994年。

2.國務院關於職工工作時間的規定，1994年。

3.國務院關於職工工作時間的規定的實施辦法，1995年。

案例九　勞動爭議：計畫外生育不能享有生育保險、產假扣領取產假工資

一、案例背景

對象	三資企業	性質	計畫外生育

　　A公司有一位從外地來的女工，尚未結婚，沒有結婚證及生育證。進公司後兩年生了一子，該女工要求依照勞動法第62及第73條享受不少於90天的產假，以及產假期間的工資應照發，並且要求享受生育社會保險待遇。因為A公司從未有這位女工投保社會保險，A公司無法確認處理方式。

二、糾紛過程、解決方式與結果

　　A公司聘請一位外地女工，當時此員工尚未結婚，沒有結婚證以及生育證。因此公司未有為此員工投保社會保險。經過兩年，此女工生下一子，該女工要求依照勞動法第62及第73條享受不少於90天的產假，以及產假期間的工資應照發，並且要求享受生育社會保險待遇。但是公司並未有此員工投保社會保險紀錄，因此遲未處理。

　　此女職工在未結婚問題下，當然無法向戶籍所在地的計畫委員令申請「生育證」，該女職工在沒有計生委發給的「生育證」（俗稱准生證）而懷孕生子，這是計畫外生育，觸犯大陸計畫生育政策。勞動法62條雖有：女職工生育享受不少於90天的產假。這生育必須是在大陸政府計畫生育允許生育的情況下方能享受90天的產假的，女職工享受產假是生育保險待遇中的一部分，它是建立在合法婚姻關係，符合婚姻法和計畫生育政策為前提的。因該女職員計畫外生育，不能依法享有90天產假，以及如在休息時的產假工資。該女職工亦不能依據《企業職工生育保險試行處法》第6條享有生育檢查費、接生費、手術費、住院費和藥費等社會福利。另依據《女職工勞動保護規定》第15條女職工違反大陸有關計畫生育規定，其勞動保護應當按照大陸有關計畫生育規定處理，不適用本規定。

　　甘肅省勞動局向有關單位諮詢，得到勞動部回函《勞動部復女職工非婚生育時是否享受勞保待遇問題》內容如下：

　　女職工非婚生育時不能按照勞動保險條例的規定享受生育待遇。其需要休養的時間不應發給工資。對於生活有困難的，可以由企業行政方面酌情給予補助。

　　A公司為顧及中國大陸法律依據，但是也基於人道以及惻隱之心考量，擬對此

女工予以額外協助。

三、案例啓示

《中共中央、國務院關於這一步做好計畫生育工作的指定》對於不按計畫生育的，要給予相當的經濟限制。國家幹部和職工，城鎮居民，計畫外生第二胎的，要取消其按合理生育所享受的醫藥、福利等待遇，還可視情況扣發一定比例的工資，或不得享受困難幫助、托幼幫助。以此來控制人口數，但在尊重生命及人性考量上，對台商往往是一大考驗。

面對大陸人口眾多，實行一胎化，法令明定下，這個題目是面對大陸勞動法令實踐中最為感到困擾與良心掙扎的問題，未來台商如有相關問題，基於人性考量，希望台商能在法令外想出一些幫忙的措施。

案例十　合同爭議：內銷買賣合同之「所有權保留條款」

一、案例背景

對象	三資企業	性質	內銷買賣合同爭議

　　A公司爲一台商企業，是專注中國大陸內銷買賣之企業，面對《合同法》第134條其中規定：買賣當事人可以在買賣合同中約定買受人的履行交付價款所爲其它義務的標的物所有權屬於出賣人的「所有權保留條款」，由於無條文中顯示有任何「買賣合同」附擔保條件，亦未有買賣合同應經何種機關登記、備案。

二、糾紛過程、解決方式與結果

　　在案例背景中僅能認爲這種一般債權買賣的合同，出賣人將動產交付買受人後仍能保留動產所有權的規定稱之爲：債權物權化的創舉！此雖與台灣動產擔保交易法中的附條件買賣意義雷同，但附條件買賣以一般物權成立經過登記機關登記後始發生物權糾紛效力又有不同，大陸此種僅以一個簡單條文即將債權物權化的作法，除非最高人民法院快速的訂下司法解釋，規範本條文的成立要件，否則即將在《合同法》施行後製造出許多的「買賣紛爭」。

　　本案例將兩岸債權物權化的有關規定作一簡單的比較，並就《合同法》第134條可能延伸出來的問題作一探討。

（一）台灣擔保交易法之規定

　　台灣《動產擔保交易法》第3章第26條稱附條件買賣者，謂買受人先占有動產之標的物，約定至支付一部或全部價金，或完成特定條件時，始取得標的物所有權之交易。此條文雖與大陸《合同法》第134條的動產買賣所有權保留條款的構成要件看似一樣，然台灣《動產擔保交易法》第5條規定了：動產擔保交易，應以書面訂立契約。非經登記，不得對抗善意第三人。另台灣就登記事項在《動產擔保交易法》第6、第7、第8、第9條分別規定了登記機關及有效區域、登記之程序、登記事項之公告、登記之有效期間等規定，不外乎在使「債權物權化」能符合一般成立物權以登記爲生效要件的規定（台灣《民法》第758條）。然而大陸《合同法》第134條卻沒有讓人公認的登記程序，未來在施行本條文將面臨的紛爭可以預期。

（二）《合同法》第134條的應用

　　按大陸《合同法》第133條規定：標的物的所有權自標的物交付時起轉移，但

法律另有規定或者當事人另有約定的除外。此條文後段：「當事人另有約定的除外」條款，也就是第134條當事人約定保留所有權轉移條款的依據。其前段：法律另有規定的，通常指著是不動產買賣所有權移轉以主管機關登記後始無所有權移轉的效力（《土地管理法》第12條、第13條，《土地登記規定》第2條）。

（三）台商如何應用《合同法》第134條

1.由於《合同法》第10條規定訂立合同可以以書面、口頭或其它形式為之，所有權保留條款最好以買賣雙方當事人簽訂書面買賣合同的方式進行，並能有客觀的公證單位如工商局的見證、公證機關的公證或律師的見證較妥。

2.買賣合同中應以條文約定，買受人應履行給付價金至何種程度時，買受人始取得標的物所有權，否則標的物所有權仍屬於出賣人所有的條款。一如台灣《動產擔保交易法》第26條的書面約定。

3.出賣人取回所有標的物的方式：可以由雙方洽商後，出賣人取回標的物，也可以申請法院返還所有權之訴（給付之洽）如買受人拒絕出賣人取回時，出賣人也可申請法院為洽談保全。

（四）與善意第三人的爭議

台灣《動產擔保交易法》的附條件買賣，為了排除避免買受人將標的物轉賣並交付善意第三人，立法了「書面並登記」始得對抗善意第三人的規定，由於大陸《擔保法》第4章第1節第64條動產質押僅規定了：出質人和質權人應當訂立書面質押合同，而未有第2節權利質押時除出面合同外另應經規定的法定登記程序始能無效的規定，因此擔保法中的動產質押在實際運作過程中也將面臨所有權保留條款標的物與動產質押的標的物何者優先的爭議問題。

由於第134條的所有權保留條款僅簡單的規定買受人未給付約定的價金，標的物所有權仍歸買受人，待出賣人行使取回所有物再行出售而出售價金超過原買賣合同買受人應給付出賣的債務時，買受人能否請求出賣人返還此超過部分的數額？按台灣《動產擔保交易法》附條款買賣第30條準用動產抵押第20條的規定，出賣人取回標的物再行出賣賣得價金，應先抵充費用，次充利息，再充原本，如有剩餘應返還債務人，如有不足，出賣人可以繼續向買售人追索。大陸《擔保法》第53第2款抵押物拍賣和第71條第3款動產質押拍賣後所得價款超過債權數額的部分歸債務人所有，不足部分由債務人清償，海峽兩岸對擔保物權向立法規定超過部分應返還，而不足部分可以向債務人追索，但《合同法》對取回標的物再行出售的價金是否超出或少於債權的處理方式未有規定，未來只有冀望大陸司法解釋，以杜紛爭。

三、案例啟示

《合同法》的所有權保留條款固然給予在大陸從事內銷的台商，一條可以保障買賣價金的選擇方向，但其執行過程和取回後的處理方式竟無明文規定，台商不論如何仍應選擇書面訂立合同，並在合同中訂立所有權保留條款，一旦有以上的爭議時，標的物在自己手上，再出售也有所依據，剩下的是超過部分要不要歸還，或不足部分能否再追索的問題了，冀望台商在此部分能多所思考。

案例十一　關務爭議：海關監管貨物不得抵押

一、案例背景

對象	外商獨資企業	**性質**	關務

　　A公司是在大陸投資的外商獨資公司，因營運所需，進口了一批免徵關稅的機器設備，A公司想以此批機器設備抵押借款，然目前此批機器設備須由海關監管不得提供擔保抵押。

二、糾紛過程、解決方式與結果

　　本案例之起因係A公司進口了一批免徵關稅的機器設備，目前此批機器設備由海關監管，不得提供擔保抵押。A公司認為該批監管的機器設備，在法律上屬於允許流通之物，而非限制或禁止流通之物，卻不能提供擔保抵押，實有疑慮之處。

　　依法律定義，動產或不動產依其可否在市場流通（如買賣、贈與、抵押等）可分為流通之物、限制流通之物，及禁止流通之物。上述分類在台灣《民法》上區分為融通物，即流通之物，謂得為私法上交易客體之物，物在原則上均為融通物，可作為買賣、借貸、租賃、贈與等客體。另為不融通之物，即限制流通或禁止流通之物，因此僅得為限制範圍內或完全不能成為交易的客體。一般以有否涉及公共利益為依據，如槍枝、嗎啡，在民間是禁止流通之物，但基於公共安全或醫療需要，在法律規定下可以作指定之流通，因此其並不以物的自身物質狀態為依據限制流通之物。

　　此案例地點發生於中國大陸，A公司仍以台灣法律觀念認為進口機器設備本身應是可流通之物，應可提供擔保抵押，忽略大陸法令規定。後經詢問相關法律人士得知大陸境外進口至大陸涉及了應繳納「關稅」的問題，依大陸法令，若貨物係於海關監管期內，如原可流通的機器設備，相當於禁止流通之物，因此除非經海關事前同意或補交剩餘差額之關稅，否則不得提供擔保抵押。而且，外商未經海關核定自不得以監管貨物提供抵押，否則其抵押合同是無效的。故此A公司放棄以此批受海關監管之機器設備，提供予銀行為貸款之抵押擔保品。

三、案例啟示

大陸「關稅」相關法令規定

中國大陸在吸引外商投資政策下，在1998年施行的《國務院關於調整進口設備稅收政策的通知》規定屬於加工貿易外商提供的不作價進口設備，「當前國家重點鼓勵發展項目」，在投資總額內進口的自用設備、和限制項目中的「乙」類，免徵關稅和進口環節增值稅，但在一定期間內受海關監管，監管期間，外商投資企業如想將監管貨物提供向大陸境內外的金融機構作貸款抵押的，必須事先向主管海關申請，經核准後方可辦理抵押手續。大陸《擔保法》在第37條第1款第5項後段中規定「監管的財產」不得抵押。最高人民法院2000年9月29日通過施行的《關於適用中華人民共和國擔保法若干問題的解釋》第5條：以法律、法規禁止流通的財產或者不可轉讓的財產設定擔保的，擔保合同無效。

案例十二 土地糾紛：房屋未經竣工驗收合格後，不得出租

一、案例背景

對象	獨資企業	性質	房地產糾紛

　　某台商甲係考量廣東省為較易批准「來料加工」業務的地方，且為大部分從事勞力密集中小企業台商群聚落腳處，因此於東莞設廠，向當地的村辦企業乙方租賃了數間廠房供來料加工作業與員工住宿之用，雙方並簽訂「房屋租賃合同」，合同期限4年，合同約定承租方應在合同簽訂成立當時給付3個月租金同額的履約保證金以及甲方欲提前終止租賃合同應徵得對方同意，否則沒收保證金並賠償經濟損失等條款。

二、糾紛過程、解決方式與結果

　　台商甲承租未及半年，受到景氣影響，難以有所獲利，台商甲擬結束營業，經向出租乙方要求提前終止租賃合同，台商並提出保證金3個月供出租乙方沒收。台商甲打算將廠內數百萬人民幣的機器設備運回台灣或轉賣其它台商，此時出租乙方以合同中除應沒收保證金外，另應賠償經濟損失為由，要求台商提出賠償金，否則不准將設備移出工廠。令台商甲難以將機器設備變現，進退兩難。

　　台商甲詢問相關法律界人士，針對當初簽訂之房屋租賃關係切入，首先找出雙方簽訂的「租賃合同」的內容對台商甲有利之處，先按《合同法》第12條的合同一般條款逐條審視當事人是否適格？即出租人是否有權出租標的物？其次審視租賃標的是否合法？即標的物是否在法律禁止出租的房屋？依據中國大陸建設部於1995年4月28日公布的《城市房屋租賃管理辦法》第6條規定：未依法取得房屋所有權證的房屋不得出租。因此，台商甲所提出之簽訂租賃合同，出租乙方應提供房屋產權證明書，經台商甲向出租乙方索取得知本出租廠房並未取得房屋所有權證書。出租乙方供稱東莞各地方的出租廠房絕大部分也都沒有房屋產權證，欲以地方慣例為由搪塞。

　　再來，台商甲向出租乙方索取該租賃房屋的「竣工驗收證明書」，出租乙方以該房屋是村辦企業報建出錢蓋的，房屋所有權屬於村辦企業，故目前廠房並未有經主管機關核發「竣工驗收證明」。出租的廠房沒有竣工驗收合格證明，想當然爾，更談不上有房屋所有權狀。因此，台商甲向地方人民法院提起「確認租賃合同無效

之訴」並且要求出租乙方返還3個月押租金和請求搬移廠房內的機器設備等訴訟。

從法律、國務院公布之相關行政法規皆載明使用房屋的前提要件必須是該房屋經竣工驗收合格後，方可交付使用，而「租賃合同」的出租乙方義務即是將租賃標的廠房交付台商使用，村辦企業不可將未經竣工驗收合格的廠房出租給台商。大陸人民法院在不姑息這種未符品質驗收，草菅人命的地方惡習下，依據《合同法》第52條第（5）項：違反法律、行政法規的強制性規定，判定台商與村辦企業所簽的「租賃合同」無效、擔保金應返還台商、承租人可取回廠房內屬於自己的機器設備，訴訟費用由出租乙方負擔。

三、案例啓示

（一）熟悉法條規定

《城市房屋租賃管理辦法》第6條雖有規定房屋未依法取得所有權證不得出租。但是依據1999年12月1日最高人民法院關於適用《中華人民共和國合同法》若干問題的解釋第4條規定：合同法實施後，人民法院確認合同無效，應當以全國人大及其常委會制定的法律和國務院制定的行政法規爲依據，不得以地方性法規、行政規章爲依據。前述《辦法》爲國務院建設部發布，屬於「行政規章」當然不得據予引用要求判定「租賃合同」無效，此點許多台商或大陸律師疏忽或不知的重要規定。

（二）注重人身安全與工安

台商應注重人身生命安全之外，更要顧及受雇員工在廠區內的安全，別租用沒有竣工驗收合格證或沒有廠房所有權證（房管局發的證書才有效）的廠房做來料加工廠。在廠房發生建築物本身的工安事件時，出租方與承租方是均有責任的。

（三）重視專家意見

其次，台商對於已經形成事實的既定合同，如本案的「租賃合同」，雖然雙方已經簽字成立，但基於不放棄之精神，找一位對大陸法律法規有深入研究的專家再審視一下合同尋求有扳回之處。因此能有專家意見，尤其是瞭解大陸房地產法、合同法等民商法的專家作最後的確認，往往有另一番見解，協助台商免受剝削。

案例十三 土地糾紛：無償取得土地，政府可隨時收回

一、案例背景

對象	獨資企業	性質	土地爭議

A公司是上市公司，是大陸所謂的高新技術科技公司，意欲進入大陸設廠，投資金額約500萬美金以上。招商政府以提供無償土地最爲吸引投資利器。

二、糾紛過程、解決方式與結果

招商政府欲吸引A公司入駐，提供一塊150畝的無償土地任其蓋廠房，此無償土地合法性，以及對企業之利益何在，A公司存有質疑，公司能否取得土地使用權證書，土地使用權能轉讓、出租或向銀行抵押擔保嗎？

經法律權威人士表示，在大陸土地分爲「國有劃撥土地使用權」、「國有出讓土地使用權」，均使用同一種國有土地使用權證書（即兩者都有國土證爲憑）。前者劃撥土地使用權依據《城鎮國有土地使用權出讓和轉讓暫行條例》（簡稱55號令）第43條規定：當地政府是可以合法無償提供企業使用，但是台商要明瞭55號令第44條，在使用這種土地使用權期間，該幅土地使用權不得轉讓、出租或抵押。另依同令第47條第1款規定，如使用的公司因遷移（移轉註冊）、解散（如提前終止經營）、撤銷、破產或其它原因停止使用土地時，原無償提供土地的政府可無償收回該幅土地使用權。第2款又規定：當地政府（縣或區級以上）可以根據城市建設發展需要和城市規劃要求，隨時收回這塊土地；亦即一紙行政公文即將土地無償收回。

部分台商在中外合資或合作時，中方提供土地作價出資，即由於這種土地屬於原來政府以無償行政「劃撥給中方」，中方再以劃撥土地使用權拿來與台商合資或合作，經營幾年後竟然被當地政府一紙公文收回，此即肇因所在。

三、案例啓示

在大陸，無償取得土地並不一定是有所利益。在一塊可能被隨時收回的土地上建構那麼大的廠房，投入那麼多資金的機器設備，此塊土地不僅不能列爲台商公司的資產，其地上建物也很難貸款劃撥土地使用權，另外，在未來台商若欲搬遷工廠，依55號令第47條第1款，土地需無償歸還當地政府，而地上建物需經折抵以作

為當地政府補償，企業對此塊無償土地自主權少。

　　台商可考慮土地使用權是可合法買的，即通過與當地國土局簽訂國有土地使用權出讓合同，並繳納「出讓金」的方式；這種價金是可以談判的，而且往往是與公告地價（大陸稱：基準地價）的差額很大的。因此，在當地政府說「送地時」，更應把握時間點，將地價（即出讓金）談下來，絕不考慮「無償」取得。最重要的是：要和縣級以上國土局簽「出讓合同」方有保障。

案例十四　土地糾紛：已取得土地使用權之土地成為「閒置土地」，遭致收回

一、案例背景

時間	2004年	地點	某工業園區
對象	獨資企業	性質	土地爭議

　　A公司為一外商獨資企業，在中國大陸某工業園區取得一地塊土地使用權，合同簽訂後兩年仍未開工建設，於2004年收到土地收回通知。

二、糾紛過程、解決方式與結果

　　A公司在某工業園區取得一地塊土地使用權，2002年1月8日簽訂土地使用權轉讓合同，合同於同年2月26日公證，合同約定合同簽訂後2年內開始工程建設，本案至今尚未開工建設，也未辦理延期，卻於2004年4月19日收到「收回xxx號宗地國有土地使用權的通知」。

　　所謂「閒置土地」，根據中國大陸《閒置土地處置辦法》第2條第1款規定：土地使用者依法取得土地使用權後，未經原批准用地的人民政府同意，超過規定的期限未動工開發建設的建設用地。「閒置土地」的認定，依第2條第2款，具有下列情形之一的，也可以認定為閒置土地：

　　（一）國有土地有償使用合同或者建設用地批准書未規定動工開發建設日期，自國有土地有償使用合同生效或者土地行政主管部門建設用地批准書頒發之日起滿1年未動工開發建設的；

　　（二）已動工開發建設但開發建設的面積占應動工開發建設總面積不足三分之一或者已投資額占總投資額不足25%且未經批准中止開發建設連續滿1年的；

　　（三）法律、行政法規規定的其它情形。

　　台商應避免被認定為「閒置土地」，如一旦被認定為「閒置土地」時，應與市、縣人民政府土地行政主管部門妥慎交涉，擬訂「閒置土地處置方案」，相關處置方案依大陸《閒置土地處理辦法》第3條第2款的規定，可以選擇下列方式：

　　（一）延長開發建設時間，但最長不得超過1年；

　　（二）改變土地用途，辦理有關手續後，延續開發建設；

　　（三）安排臨時使用，待原項目開發建設條件具備後，重新批准開發，土地增值的，由大陸政府收取增值地價；

（四）大陸政府為土地使用者置換其它等價閒置土地或者現有建設用地進行開發建設；

（五）大陸政府採取招標、拍賣等方式確定新的土地使用者，對原建設項目繼續開發建設，並對原土地使用者給予補償。

三、案例啟示

台商赴中國大陸投資設廠，往往涉及土地使用權的取得及在土地上廠房的興建，而土地或建廠所涉及相關法令如不謹慎，必然發生糾紛，因此為減少無謂糾紛，可多請教專家學者或知悉相關法令規定以明瞭發生糾紛時的因應之道。

本案例參考法規：

（一）土地使用權收回種類

1. 人民政府基於代表國家行使土地所有者權益而收回用地。

大陸《土地管理法》第58條第3、4、5款：

III · 土地出讓等有償使用合同約定的使用期限屆滿，土地使用者未申請續期或者申請續期未獲批准的；

IV · 因單位撤銷、遷移等原因，停止使用原劃撥的國有土地的；

V · 公路、鐵路、機場、礦場等經核准報廢的由有關人民政府土地行政主管部門報經原批准用地的人民政府或者有批准權的人民政府批准，政府可以收回國有土地使用權。

2. 大陸政府基於其對社會尤其是對土地市場行使管理職能而收回土地。

大陸《土地管理法》第58條：為公共利益需要使用土地的、為實施城市規劃進行舊城區改建，需要調整使用土地的，大陸政府可以收回土地使用權。

（二）程序

大陸《閒置土地處置辦法》第3條：市、縣人民政府土地行政主管部門對其認定的閒置土地，應當通知土地使用者，擬訂該宗閒置土地處置方案，閒置土地上依法設立抵押權的，還應通知抵押權人參與處置方案的擬訂工作。處置方案經原批准用地的人民政府批准後，由市、縣人民政府土地行政主管部門組織實施。

案例十五　土地糾紛：購買中國大陸「集體土地」上之房產爭議

一、案例背景

對象	中外合作經營企業	性質	土地爭議

　　A公司爲某中外合作經營企業，係由中方提供集體所有土地與外方合作成立中外合作經營企業。

二、糾紛過程、解決方式與結果

　　A公司在合作期未滿的情況下，合作企業提前結束經營，外方想要將該合作企業土地使用權轉讓，A公司是否可以承接？

　　依大陸法規規定：大陸《城市土地管理法》第36條：農民集體所有的土地使用權不得出讓、轉讓或者出租於非農業建設。

　　大陸《城市開發經營管理條例》第42條：城市規劃區內集體所有的土地，經依法徵用轉爲國有土地後，方可用於房地產開發經營。

　　《關於加強土地轉讓管理嚴禁炒賣土地的通知》中規定：農民的住宅不得向城市居民出售，有關部門不得爲違法購買的住宅發放土地使用證和房產證。

　　集體土地上的房屋不能隨意買賣，而只能在符合上述規定的範圍內轉讓。中國大陸房地產開發專案在開工建設之前，須先辦理「國有土地使用證」、「建設用地規劃許可證」、「建設工程規劃許可證」。有了這三證，再到建設部門辦理「建設工程施工許可證」，然後根據這四證去辦理「商品房銷售許可證（或預售許可證）」。最後，「五證」齊全的房產開發專案到房管部門辦理房產證。如果開發土地性質有問題（如爲集體土地），則手續無法辦出來，則將導致無法取得房產證，所購置房產無法受到法律保護，且集體土地上該房產不能進入二級市場，不能買賣、贈與、抵押、租賃等。

三、案例啓示

　　中國大陸對於集體所有的「建設用地使用權」有些地方如：廣東省、安徽省…等有條件地容許其流轉，且訂有相關規定，如《安徽省集體建設用地有價使用和使用權流轉試行辦法》、《煙台市集體建設用地使用權流轉管理試行辦法》…，台商亦應加以注意並運用！

案例十六　廠房糾紛：未依規定取得許可證建築，恐成違章建築

一、案例背景

對象	中獨資企業	性質	廠房糾紛

　　甲台商在中國大陸興建廠房，未依規定取得許可證、竣工證明，而面臨違章建築並涉法律責任。

二、糾紛解決方式

　　台商赴中國大陸投資設廠，涉及建築，一定要注意相關法律規定，俾免發生糾紛：

（一）合法取得土地使用權

　　建廠係在土地上為之，必須依法取得合法的土地使用權，大陸實施「社會主義土地公有制」，而「全民所有土地」實施土地使用權有償出讓，台商不論是「出讓」、「轉讓」或「承租」均可合法取得土地使用權。如該土地是「集體所有」時，台商一定要明白「集體所有」土地須經徵用，成為「全民所有」（或稱：國有）後，才可以進行有償出讓。又如係透過「合資」、「合作」，由甲方企業提供土地使用權時，也應注意相關規定，俾免陷入誤區而生爭議。

（二）認識「規劃許可證」

　　其次，依大陸《建築法》第7條第1款規定：建廠的建築工程開工前，建設單位應當按照國家有關規定向工程所在地縣級以上人民政府建設行政主管部門申請領取「施工許可證」。而申請領取「施工許可證」具備的條件，依大陸《建築法》第8條第1款第（2）項規定：如係在「城市規劃區」的建築工程，已經取得「規劃許可證」。而何謂「城市規劃區」？何謂「規劃許可證」，且要如何取得「規劃許可證」？現分述之如下：

　　城市規劃區：依大陸《城市規劃法》規定，其所稱的「城市」，是指大陸按行政建制設立的直轄市、市、鎮；而「城市規劃區」乃指城市市區、近郊區以及城市行政區域內因城市建設和發展需要實行規劃控制的區域（參見大陸《城市規劃法》第3條）。

　　建設用地規劃許可證：按大陸《城市規劃法》第31條規定：在「城市規劃區」內進行建設需要申請用地的，必須持大陸當局批准建設項目的有關文件，向「城市

規劃主管部門」申請定點，由「城市規劃行政主管部門」核定其用地位置和界限，提供規劃設計條件，核發「建設用地規劃許可證」。建設單位或者個人在取得「建設用地規劃許可證」後，方可向縣級以上地方人民政府土地管理部門申請用地，經縣級以上人民政府審查批准後，由土地管理部門「劃撥」土地。

又大陸《城市規劃法》第32條也規定：在「城市規劃區」內新建、擴建和改建建築物、構築物、道路、管線和其它工程設施，必須持有關批准文件向「城市規劃行政主管部門」提出申請，由「城市規劃主管部門」規劃提出的規劃設計要求，核發「建設工程規劃許可證件」；建設單位或者個人在取得「建設工程規劃許可證件」和其它有關批准文件後，方可辦理「開工手續」。台商務必遵守上述規定，否則，如在「城市規劃區」內，未取得「建設用地規劃許可證」而取得建設用地批准文件、占用土地的，批准文件「無效」（參見大陸《城市規劃法》第39條）。又如在「城市規劃區」內，未取得「建設工程規劃許可證」或者違反「建設工程規劃許可證件」的規定進行建設，「嚴重影響」城市規劃的，由縣級以上地方人民政府城市規劃行政主管部門責令停止建設、限期拆除或者沒收違法建築物、構築物或者其它設施；「影響」城市規劃，尚可採取改正措施的，由縣級以上地方人民政府規劃行政部門責令限期改正，並處罰款（參見大陸《城市規劃法》第40條）。

（三）認識「施工許可證」

再者，台商還應注意大陸《建築法》的規定，依該法第7條第1款規定：建築工程「開工」前，建設單位應當按照有關規定向工程所在地縣級以上人民政府建設行政主管部門申請領取「施工許可證」。而申請「施工許可證」，應當具備下列條件：

1. 已經辦理該建築工程用地批准手續；
2. 在「城市規劃區」內的建築工程，已經取得「規劃許可證」；
3. 需要拆遷的，其拆遷進度符合施工要求；
4. 已經確定「建築施工企業」；
5. 有滿足施工需要的施工圖紙及技術資料；
6. 有保證工程質量和安全的具體措施；
7. 建設資金已經落實；
8. 法律、行政法規規定的其它條件（參見大陸《建築法》第8條第1款）。

依上所述，台商建廠在進行建設施工以前，一定要辦理「土地使用許可」、「規劃許可」和「建築施工許可」，才可開工，否則後果嚴重；而且於領取「施工許可證」之日起「3個月」內開工，因故不能按期「開工」的，應當向「發證機關」

申請延期；延期以「兩次」為限，每次不超過「3個月」；既不開工又不申請延期或者超過延期時限的，「施工許可證」自行廢止（參見大陸《建築法》第9條）。

（四）取得竣工證明

依大陸《建築法》第61條第2款規定：建築工程竣工經驗收合格後，方可交付使用；未經驗收或者驗收不合格的，不得交付使用。由此可見，取得「竣工證明」的重要性！

（五）找符合資質的承包單位

大陸《建築法》對於從事建築活動的建築施工企業，須經資質審查合格，取得相應等級的「資質證書」後，方可在其「資質等級」許可的範圍內從事建築活動（參見大陸《建築法》第13條）。所以，台商建廠發包一定要找有相應資質的承包單位；並應與之訂立「書面合同」，明確約定雙方的權利、義務，如承包方不按照合同約定履行義務的，可以依法對之主張違約責任（參見大陸《建築法》第13條、第15條）。

三、案例啟示

台商赴中國大陸投資設廠，不論在土地方面或廠房方面均須注意相關規定，往昔已有一些糾紛案件足夠借鑑，只有「入境問法」方可避免糾紛，並可於一旦發生糾紛時，可以採取有效的法律途逕，進行救濟！

案例十七　廠房糾紛：建廠房與承包商應謹慎簽訂承包合同

一、案例背景

對象	獨資企業	性質	廠房糾紛

　　台商A在大陸取得土地使用權後，欲自建廠房。

二、糾紛解決方式

　　台商A在大陸取得土地使用權後，自建廠房，因施工之總承包商挪用工程款，致業主雖將工程款全部支付，但承包商無力繼續施工建設，且該承包商未將工程款支付其下包，致生糾紛，該台商乃透過仲裁，要求該承包商及其保證人員的賠償責任。

　　由於該承包工程合同，係可歸責於承包商而未履行，定作人台商A自可依《合同法》及合約的規定解除合同，並依大陸《合同法》第97條的規定請求損害賠償；而保證人依大陸《擔保法》第7條的規定具保證人資格，此為一有效的保證，自須與承包商一起負法律責任。

三、案例啓示

　　台商在大陸欲建廠房，在支付給承包商工程款前，在與承包商簽訂承包合同時，應當注意考察承包商經濟實力、約定履約保證人、工程款項支付予小包、材料供應商時的資金流程進行控制管制等。

　　本案例參考法規：

　　（一）大陸《建築法》第15條：

　　建築工程的發包單位與承包單位應當依法訂立書面合同，明確雙方的權利和義務。

　　發包單位和承包單位應當全面履行合同約定的義務。不按照合同約定履行義務的，依法承擔違約責任。

　　（二）大陸《建築法》第22條：

　　建築工程實行招標發包的，發包單位應當將建築工程發包給依法中標的承包單位。建築工程實行直接發包的，發包單位應當將建築工程發包給具有相應資質條件的承包單位。

（三）大陸《建築法》第24條：

提倡對建築工程實行總承包，禁止將建築工程肢解發包。

建築工程的發包單位可以將建築工程的勘察、設計、施工、設備採購一併發包給一個工程總承包單位，也可以將建築工程勘察、設計、施工、設備採購的一項或者多項發包給一個工程總承包單位；但是，不得將應當由一個承包單位完成的建築工程肢解成若干部分發包給幾個承包單位。

（四）大陸《建築法》第25條：

按照合同約定，建築材料、建築構配件和設備由工程承包單位採購的，發包單位不得指定承包單位購入用於工程的建築材料、建築構配件和設備或者指定生產廠、供應商。

（五）大陸《建築法》第28條：

禁止承包單位將其承包的全部建築工程轉包給他人，禁止承包單位將其承包的全部建築工程肢解以後以分包的名義分別轉包給他人。

（六）大陸《建築法》第29條：

建築工程總承包單位可以將承包工程中的部分工程發包給具有相應資質條件的分包單位；但是，除總承包合同中約定的分包外，必須經建設單位認可。施工總承包的建築工程主體結構的施工必須由總承包單位自行完成。

建築工程總承包單位按照總承包合同的約定對建設單位負責；分包單位按照分包合同的約定對總承包單位負責。總承包單位和分包單位就分包工程對建設單位承擔連帶責任。

禁止總承包單位將工程分包給不具備相應資質條件的單位。禁止分包單位將其承包的工程再分包。

案例十八　專利糾紛：台商對合夥人專利侵權之訴訟

一、案例背景

時間	2003-2004年	地點	江蘇地區
對象	當地私營企業	性質	專利權問題

　　D公司在台灣從事釣具及五金零件的生產事業已有多年經驗，近年來積極投入研發工作，幾年前開始在大陸設廠。位在中國大陸的工廠是由中國大陸的合作夥伴甲先生出資建蓋，同時甲先生也擔任管理廠房的工作。營經模式為研發以及申請專利權的工作由在台灣的D公司負責，生產部分則由甲先生在中國大陸的工廠負責；甲先生應付給D公司的權利金則由該廠房所生產的產品來支付。

二、糾紛過程

　　2003年，這樣的合作模式出現了二個大問題。第一、D公司發現甲先生私自生產超過合約上協定的產品數量，再將產品轉賣出去來賺取利益。第二、甲先生時常不準時交貨，即使在產品需求量大的時候，甲先生仍先將產品交給他私下接單的廠商。D公司在查證了這些事實之後，隨即停止授權甲先生繼續生產D公司的產品。然而甲先生卻開始生產D公司產品的仿冒品，並繼續銷售到各地。所幸這些被仿冒的專利商品目前已不是D公司目前的競爭核心產品，因此甲先生侵權的舉動對D公司造成的傷害並不是太大。

　　D公司至今已向甲先生寄出了2次存證信函，但甲先生仍繼續生產仿冒D公司已取得專利權的產品。此外，因D公司已停止生產這項產品，情況變成該產品擁有專利權，卻沒有正式的產品在市面上販售，這使得專利的界定落入了一個模糊的地帶，甲先生侵權的行為暫時成為懸案。目前D公司已和另一家台商合作在大陸建廠，預計2004年10月完工，屆時會再展開生產的工作，當產品再度上市時，若甲先生仍繼續生產仿冒品，D公司則會正式提出查處。

三、解決程序/方式

　　（一）D公司向甲先生提出2次存證信函，作為將來控訴甲先生的侵權行為的證據。

　　（二）D公司積極尋找新的合作夥伴，預計2004年10月新的廠房會建蓋完工。

若該產品再度問市時，甲先生仍繼續生產仿冒品，D公司預計會對甲先生提出查處。

四、案例啟示

（一）專利權之取得

按照國際慣例及巴黎公約原則，凡在大陸有經常居所或營業場所的外國人、外國企業或外國其它組織在專利權保護上享有國民待遇。但在實際運營中，則有部分外資企業（包括台資）為加強對知識產權掌控及其它因素，常將設在大陸之研發中心所產出的科研成果以海外總部名義向大陸知識產權局申請專利註冊。根據大陸專利法及大陸知識產權局所頒布的《關於受理台胞專利申請的規定》的通知，台灣法人企業與外商在此種情形下是不能像大陸人士或企業直接向大陸知識產權局提出專利申請，而須委託其指定的涉外專利代理機構代為辦理申請。

大陸專利分為發明、實用新型及外觀設計三種。申請發明或實用新型時，應提交請求書、說明書及其摘要和權利要求書等文件；申請外觀設計者，則應提交請求書及該外觀設計的圖片或照片等文件。另在審查程式上，除發明須經過實質審查外，實用新型與外觀設計則僅須進行形式審查即可。因此，大陸發明專利權的取得相對較為困難，等待審批時間通常需要2至3年。反之，實用新型與外觀設計專利權取得則較為容易，通常僅需1年左右。至於大陸專利保護期限，發明專利最久為20年（自專利申請日起計算），而實用新型與外觀設計均為10年。

（二）專利權之運用

根據大陸專利法第11條規定，任何單位或個人未經專利權人許可，都不得為生產經營目的製造、使用、許諾銷售、銷售、進口其專利產品，或者使用其專利方法以及使用、許諾銷售、銷售、進口依照該專利方法直接獲得之產品。因此，發明人可以積極地透過取得申請專利來排除同業競爭，並鞏固市場競爭優勢。對於任何侵害其專利權的企業或個人，專利權人可藉由行政程序請求專利管理機關進行處理或直接向人民法院提起民事訴訟。如專利權人有證據證明他人正在實施或即將實施侵犯其專利權行為，倘不及時制止將使其合法權益受到難以彌補損害時，亦可在訴前向人民法院申請採取責令停止有關行為和財產保全的措施。

倘專利權人無意自行實施專利技術，則可將專利技術授權他人使用，藉以增加收益。依據大陸專利法第12條規定，專利權人與被授權人間必須訂定書面專利實施許可合同，被授權人應向專利權人支付專利使用費（即權利金）。此外，大陸專利

法實施細則第15條要求專利權人與被授權人應在專利實施許可合同生效日起3個月內向知識產權局備案。雖然相關法律對沒有備案所產生法律後果並無明確規範，但在「專利實施許可合同備案管理辦法」中則指出，專利權人可憑專利實施許可合同備案證明辦理外匯及海關知識產權備案等相關手續，且經過備案的專利實施許可合同性質、範圍、時間、許可使用費等可以作為人民法院及知識產權局進行調解或確定侵權糾紛賠償數額參考。因此，外國專利權人如希望將來能順利匯出權利金收入或避免專利實施許可合同版本產生問題，應在許可合同生效日起3個月內向知識產權局備案。

依據大陸專利法第10條規定，發明人或專利權人可將其專利申請權或專利權轉讓他人，但雙方須簽定書面合同，並向知識產權局登記，由知識產權局予以公告。惟應注意，倘大陸發明人或專利權人欲將其專利申請權或專利權轉讓給外國人，尚必須經國務院有關主管部門批准。但據瞭解，目前上述有關主管部門並不明確，故實際運作上恐有困難。

為履行入世承諾及創造良好的投資環境，大陸正積極地加強知識產權保護力度，故台商與外商應配合大陸相關政策及根據自身情況制定相應專利策略，藉以有效地在大陸取得專利權，並運用專利權為企業排除同業競爭、鞏固市場及創造更大收益。

（三）大陸侵權專利訴訟中應注意事項

1. 專利權人在專利申請過程中，為了獲得專利權而對大陸專利局所做之承諾、修改或放棄，在專利侵權訴訟中不得反悔。而專利權的保護範圍以其權利要求的內容為準，其它如說明書或附圖可以用來解釋權利要求的範圍。

2. 專利保護範圍或判定是否侵權，以獨立權項要求為原則，如侵權者之產品完全符合了專利獨立權項要求中必要的技術特徵，則構成專利侵權；如缺少專利的必要技術特徵，則不構成侵權。如由於專利權人疏忽，誤將附加技術特徵寫為獨立權利要求，而侵權者恰缺少此一附加技術特徵時，仍認定構成侵權。

3. 侵權產品與專利的表面上雖有不同，但在一般技術人員（相同領域）眼中，不同之處係屬用實質上相同方式或技術手段，來替換專利保護的必要技術特徵，使得有了相同的效果者，仍構成專利侵權。但如侵權者所使用的相同方式或技術手段係屬於公知現有技術，則不能以上述原則認定構成侵權。

（四）侵害專利權之法律責任

依大陸專利法第60條規定，未經專利權人許可而實施其專利之侵權行為（為生

產經營目的製造、使用、銷售其專利產品，或使用其專利方法以及使用、銷售其專利方法直接獲得的產品），專利權人或利害關係人可以請求專利管理機關進行處理，或直接向人民法院起訴。

專利侵權行為原則上並不涉及刑事責任，僅生行政處分及民事賠償問題，但若情節嚴重（如犯罪手段惡劣、違法所得數額較大或侵權造成嚴重後果者）將另構成新刑法第216條假冒專利罪，可處3年以下有期徒刑或拘役，併處或單處罰金。（大陸專利法第63條）

（五）侵害專利權之損害賠償

大陸專利法第60條對侵犯專利權的賠償數額有所規定：「對未經專利權人許可，實施其專利的侵權行為，專利權人或者利害關係人可以請求專利管理機關進行處理，也可以直接向人民法院起訴。專利管理機關處理的時候，有權責令侵權人停止侵權行為，並賠償損失；當事人不服的，可以在收到通知之日起3個月內向人民法院起訴；期滿不起訴又不履行的，專利管理機關可以請求人民法院強制執行。

在發生侵權糾紛的時候，如果發明專利是一項新產品的製造方法，製造同樣產品的單位或者個人應當提供其產品製造方法的證明」，但該規定在具體操作上屢生糾紛，因此，最高人民法院法釋【2001】21號《關於審理專利糾紛案件適用法律問題的若干規定》就此部分有所補充規定。

案例十九　專利糾紛：台商飽受當地仿冒工廠之侵權

一、案例背景

時間	2004年	地點	廣東地區
對象	大陸廠商	糾紛類型／性質	專利權糾紛

　　D公司為一專業電錶製造商。以生產一般性基礎電錶為主，近年來又因電腦普及化及未來發展趨勢，開始生產可程式電錶及附記憶功能，可連接電腦。除原生產工業用儀錶，已逐漸擴充到環保、醫療儀錶上，產品除了供應台灣業者使用外，更行銷世界各地。由於產業環境變遷使得相關上下游廠商皆外移到大陸與生產成本考量下，開始投資大陸，所投資的工廠完全為獨資經營。

二、糾紛過程

　　台灣的廠商在大陸市場飽受當地仿冒工廠的困擾，跟早期台灣市場充斥著仿冒工廠仿冒國外品牌的產品的現象，可說是相同的戲碼，在不同時空和地點上演。本案例的主要糾紛對象為廣東地區的大陸廠商，但其它各地區也都有所謂的仿冒工廠，可以說是防不勝防。

（一）發現產品被仿冒

　　A公司的產品在市面上發現被仿冒並加以生產，A公司蒐證後向司法機關起訴，這樣的過程已經重複發現多次。

（二）司法機關取締後還是未見改善

　　但經由大陸司法機關取締後，仿冒的工廠又重新申請牌照來借屍還魂。而產品的利潤與知名度越高者，則越引來不肖商人的爭相仿冒。同時，在仿冒訴訟的過程後，該企業主覺得判決往往讓該公司得不償失。姑且不論被仿冒的損失，光是因訴訟而支出的成本通常都高於判決賠償的金額。如此循環使得該公司不再積極尋求司法管道。

三、案例啟示

　　在大陸市場，目前有關於智財權法律的發展並不如台灣現今的完善，跟國際相比也有一段差距。台灣的廠商如欲在大陸投資，遇到問題必須自己蒐證、找律師並向司法機關申訴。但結果往往不盡人意，可以在招募人才時留意有法律背景的員

工，訓練該員工對自身產品有專利的認識，又可以自行進行查處或司法訴訟，如此一來，就可以節省許多訴訟的成本，進度也可以具體操作。

案例二十　其它糾紛：車輛所有權保留中肇事責任歸屬

一、案例背景

對象	獨資企業	性質	其它糾紛

　　A公司在大陸工廠的員工B於下班途中遭計程車駕駛C闖紅燈撞傷致左腿嚴重骨折。駕駛C之計程車是以分期付款方式向D公司買的，因車輛購銷合同中有約定買方未付清全部價金前，車輛所有權仍屬D公司所有，目前該車分期尚未繳清，因此車主仍是D公司。A公司欲將D公司列爲共同被告，請求D公司與駕駛C共同連帶賠償員工B因致傷的賠償。本案件是大陸《民法通則》代理權與《合同法》第134條買賣合同中約定的所有權保留條款效力衡突時，法律如何認定肇事責任共同承擔的歸屬典型案例。

二、糾紛過程、解決方式與結果

　　A公司大陸工廠的員工B於下班途中穿越十字路口，遭計程車駕駛C闖紅燈撞傷致左腿嚴重骨折。交警於處理過程中，發現駕駛C所呈供的車輛登記所有人（即車主），行駛證件以及營運證證上記載的車輛所有人均是一家以專門出售轎車的D公司，駕駛C解釋計程車是以分期付款方式向D公司買的，因車輛購銷合同中有約定買方未付清全部價金前，車輛所有權仍屬D公司所有，目前該車分期尚未繳清，因此車輛文件上的車主仍是D公司。A公司欲將D公司列爲共同被告，請求D公司與駕駛C共同連帶賠償員工B因致傷的賠償。

　　在台灣「附條件買賣」交易皆經過登記機關「登記」，除具有物權法上公示的效力外，對於使用的買受人因此所延伸的責任釐清亦有明確的區分。類似本案例在台灣發生「附條件買賣」登記中的車輛肇事，其責任歸買受人，即占有使用車輛人應無疑義。

　　而大陸之《民法通則》代理人肇事責任與《合同法》買賣所有權保留條款中車輛肇事責任分擔有所分歧：

　　按《民法通則》第63條第2款：代理人在代理權限內，以被代理人的名義實施民法法律行爲。被代理人對代理人的代理行爲，承擔民事責任。亦即代理人以被代理的名義所進行的民事活動結果應由被代理人承授。C某駕駛D公司的車輛肇事，似有C某爲D公司的代理人，D公司似應負共同連帶賠償責任。

依據《合同法》第134條：當事人可以在買賣合同中約定買受人未履行支付價款或者其它義務時，標的物的所有權屬於出賣人。這是爲了防止買受人屆時未履行交付價款，標的物遭買受人處分的預防立法。大陸的所有權保留條款的這種型式有點類似台灣《動產擔保交易法》中的「附條件買賣」，該法第26條稱附條件買賣者，謂買受人先占有動產之標的，約定至支付一部或全部價金，或完成特定條件時，始取得標的物所有權之交易。

2000年11月21日大陸最高人民法院審判委員會第1143次會議中，以法釋【2000】38號的司法解釋：最高人民法院關於購買人使用分期付款購買的車輛從事運輸因交通事故造成他人財產損失，保留車輛所有權的出賣方「不應承擔」民事責任的批復，其不承擔民事責任的理由是：（一）出賣人對購買人造成的交通事故沒有過錯，其保留所有權的行爲與交通事故之間也沒有因果關係；（二）分期付款買賣中的出賣方保留所有權的實質是作爲債的擔保方式；（三）公安機關對機動車進行登記的意義是准予或不准機動車上道路行駛，不是機動車所有權登記。此外，出賣人與買受人間就車輛的使用亦無代理關係，因此本案不得要求D公司共同承擔賠償責任。

三、案例啓示

台商需瞭解台灣和中國大陸的法律有些許不同，而大陸法令可能會有與其它法條間相衝突之情形，台商需多諮詢專家意見，或是多方充實法令加以瞭解。

第五篇

結論與建議篇

在全球貿易潮流趨勢下，

大陸已非台商的加工基地，

更將成為各台商全球佈局下不可或缺的一塊拼圖……。

研究結果與發現

　　由於中國大陸的改革開放與台商不斷西進的態勢，中國大陸（包括香港）對台灣而言，已成為最大的出口貿易市場，台商對大陸投資也上了一個新的台階。根據經濟部投審會統計，2002年台商赴大陸投資金額不過38.6億美元，投資件數為1,490件，但2003年，台商到大陸投資金額已達77億美元，件數達3,875件。不論投資金額或件數，都是比前一年增加了1倍以上。而這樣的投資積極度表現，也使得台資在中國大陸外商投資的排名順序，躍升為第2位，僅次於港澳地區，中國大陸已成為台商向海外投資最多的一個地方。然隨著產業發展與技術提升等因素影響之下，現在台商赴大陸投資，與前幾年已不相同。台商的投資項目，由過去勞力密集的製造業，轉向化學、運輸、精密機械、食品、百貨零售業及資本密集的金融服務業，未來也朝著大型化、集團化、高科技化的方向發展。同時，過去赴中國大陸投資，主要是因為台灣勞動力不足、人工及土地成本太高等因素，和部分產業已不適宜在台灣繼續發展等因素影響，現在則不再只是台商的加工基地，而是將中國大陸視為全球佈局下不可或缺的一塊拼圖，此外企業亦可覬覦大陸人口眾多所蘊涵的消費市場等有利因素。

　　而台商投資趨向大型化、集團化的趨勢表現最明顯的莫過於台灣的高科技產業的西進表現。廿一世紀初期，台灣高科技的發展在經歷了廿世紀九〇年代的繁榮期後，開始進入全面調整時期。一方面，受全球網絡泡沫經濟破滅的影響，國際市場需求的萎縮，台灣高科技產業面臨衰退的表現；另一方面，在大陸經濟快速增長的磁吸效應下，台灣廠商紛紛到大陸投資設廠，以獲取新的發展空間，從而造成了第三波台商投資熱潮的持續升溫，形成以高科技產業為主導的兩岸分工格局。因此，以台商在製造業領域中對大陸經濟發展的重要性看來，中國大陸真可說是台商邁向全球化的最佳舞台。

　　話雖如此，但是對於第一次進入中國大陸市場投資的台商而言，影響台商的投資決策之變數，卻是變化莫測，難以掌握。從最基礎的法律面來看，繁複的規定常常使得台商無所適從，而部分地區「人治大於法治」的狀況下，往往讓台商吃了不少虧。再者，市場銷售的實際運作面，都和台灣的情形大不相同，看似相同的文化背景下，卻隱含許多台商所無法捉摸的型態，原有「台灣經驗」下的思維邏輯與管

理方式無法完全地複製。而中國大陸幅員遼闊，各地區與各城市的投資環境皆不相同，特別是大陸各城市以設立經濟技術開發區、高新技術開發區等產業園區之模式，推出各項優惠政策吸引台商之進駐，招商引資力度相當強勁。然而，該城市實際的投資環境卻不一定如招商單位宣傳的那麼好，甚至可能有潛藏風險存在。此外，2004年「宏觀調控」所制定的政策，再再考驗台商於大陸投資時的判斷力，而「宏觀調控」的影響與後續發展，更是台商不可忽視的關鍵重點。

有鑑於此，台灣區電機電子工業同業公會自2000年開始，針對大陸各地區與各城市的投資環境與投資風險進行調查，希望在學術研究的客觀立場下，採取實際在當地投資台商之意見，對這些地區和城市的投資環境與風險加以評估。至2004年已是連續第5年之調查，在相關針對大陸地區投資情形之研究中，已具相當程度之公信力，感謝大陸地區各級領導及台商協會對此研究之支持，並以更大的胸襟接受我們的建議，改善投資環境，相信不但使已赴當地投資的台商感念，此項持續的改善措施將吸引更多的外商增加投資。

在研究方法、問卷與抽樣設計等方面，本研究盡量維持與前4年之研究相同，以使5年之研究成果有共同的比較基礎。因此，我們只分別在城市競爭力計算之細項指標、投資環境與風險之評估構面、以及調查問卷的細項敘述上進行局部調整。邀請專家學者填寫問卷後計算出各構面適當之權重，讓投資環境與風險分數之計算，有一更合理之結果，並使本研究架構更趨周延完善。

本研究之主要研究結果，可歸納分述如下：

1. 城市競爭力研究結果：A級城市包括上海、北京、廣州與深圳等15個城市。以地區而論，則以華北地區之整體競爭力最強，今年度躍居華東地區之上，西北地區仍屬最弱（參見表12-4）。

2. 投資環境調查結果：大陸的整體投資環境，近3年來呈現下滑趨勢，除經濟環境構面外，其餘構面均下降。在地區方面，以華東地區之整體投資環境最佳，此係此地區有雄厚經濟基礎、高素質人力資源和開放市場經濟管理，累積的實力使其能長期位居投資環境之首。在城市排名方面排名領先城市包括：杭州蕭山、揚州、無錫江陰、成都、上海閔行、徐州、嘉興等城市，多數城市位於華東地區，呈現地區累積實力之良性循環影響力；最落後城市，則包括東莞樟木頭、東莞市區、泉州、保定、泰州等多屬華南地區主要城市邊緣之次級城市（參見表13-4）。

3. 投資風險調查結果：整體投資風險2004年度較2003年度提高，此可能與大陸經濟進步同時引起投資風險增加有關，地區別而言以華東地區之風險最低，主要包

括江蘇省及浙江省在內的多個城市。在城市排名方面，風險最低城市有徐州、揚州、杭州蕭山、無錫江陰、成都等城市，另外，風險最高城市包括深圳市區、泉州、保定、寧波奉化、泰州等城市，多位於華南地區（參見表14-9）。

4. 台商推薦投資部分：排名在前之城市有杭州蕭山、上海閔行、成都、揚州、徐州、無錫江陰等。在所有城市中以天津市之快速成長最為人矚目（參見表15-1）。

5. 綜合指標與推薦城市：綜合指標之計算，是將城市競爭力、投資環境、投資風險以及台商推薦投資四部分做一整合，分別換算為百分位數後，再乘上適當的權重而得。依據綜合指標分數之高低，我們得出本研究今年度「極力推薦」、「值得推薦」、「勉予推薦」和「暫不推薦」之城市，如表17-1所示。其中南昌（華中地區）本年度進入極力推薦行列，可見內陸地區明顯有改善投資環境。因此未來內陸發展已有成長雛形之勢。

6. 在競爭力部分的表現為華北地區的表現最佳，然而推薦度方面，台商普遍仍較以華東地區為主。主要係因為競爭力的分析是採用中國大陸官方所公佈的城市次級資料(包括人口、土地、教育程度……等)為分析依據，而推薦城市則是包含台商意見並同時考慮質化與量化資料所呈現的結果，因此，分析上產生了這樣的結果。本研究認為，華北地區雖然目前受到台商推薦的比例並沒有華東與華南地區來得亮眼，然由於其地區的競爭力表現受到外資投資比例逐漸北移、環勃海經濟圈逐漸形成以及2008年北京奧運的舉辦等有利因素影響，相信未來華北地區的城市表現將令人矚目。

在中國大陸投資的台灣高科技廠商生產所需要的半成品、零組件及原料有逐漸

表17-1　2004年推薦城市彙整表

評價	城市
極力推薦	杭州蕭山、上海閔行、成都、揚州、徐州、無錫江陰、天津市、蘇州昆山、嘉興、大連、南昌、汕頭、濟南、青島
值得推薦	蘇州市區、南京市區、蘇州太倉、寧波市區、漳州、紹興、珠海、寧波餘姚、上海松江、常州、莆田、上海浦東、南通、重慶、江門、上海市區、北京市區、中山、廈門、寧波奉化、東莞厚街、蘇州吳江、武漢、上海郊區
勉予推薦	無錫市區、杭州市區、桂林、北京郊區、深圳龍崗、深圳寶安、上海嘉定、南寧、東莞石碣、昆明、廣州市區、東莞其它、深圳郊區、佛山、長沙、福州市區、河源、東莞長安、東莞清溪、深圳市區
暫不推薦	惠州、東莞市區、東莞虎門、東莞樟木頭、泉州、保定、泰州

資料來源：本研究整理

「就地取材」的趨勢。面對競爭越來越激烈的市場需求，以及降低成本的策略下，台商在大陸投資設廠後，越來越多地採取原料供應在地化的策略，因此也造就許多的衛星廠商登陸中國大陸投資的現象產生。此外，雖然台灣仍是大陸企業生產所需原料或零組件的主要供應地，但是，台商對台灣原料或零組件的供應依賴度逐年下降。尤其是高科技企業由當地提供所需原料的比重已超過對台灣的依賴。台灣電子零組件廠商投資大陸主要集中在華南及華東兩地。其中，深圳、東莞、惠州、廣州、中山等華南一帶約有65％的廠商；上海、昆山、蘇州，吳江、嘉定等華東一帶約有30％廠商，投資規模都在持續增長中，可見台灣高科技企業生產原料在地化的趨勢越見明顯，並成為台商在大陸經營和發展投資企業的重要策略。

　　台灣高科技產業對大陸投資地區，從過去以華南沿海地區為「主戰場」轉向華東沿海地區，並將進一步向環渤海灣經濟圈北移擴展。台商對珠江三角洲和閩南的投資步伐已明顯放緩，投資重心轉向以上海為中心，蘇南、浙北為兩翼的長江三角洲，包括蘇州、無錫、常州，杭州、寧波等地。尤其是近年的電子資訊產業投資主要集中在這些地區，佔80％以上。原先在大陸東南沿海地區投資的台灣高科技廠商，在新一波的投資熱潮中，紛紛將生產據點北移，發展到以京、津地區為中心，山東半島和遼東半島為兩翼的環渤海經濟圈。不僅是為了擴充產能，更重要的是進行全方位的市場佈局，以搶佔新商機、新市場。而從長遠趨勢看，未來台灣高科技廠商對大陸的投資，將在環大陸沿海地帶的基礎上，進一步由東向西、由沿海向內陸輻射，形成全方位的發展格局。

18 對各界之建議

對投資大陸台商之建議

1. **台商投資前應審慎評估當地投資環境與風險**：由於大陸幅員廣大，中央、各省、各市又各有權限，因此中央與地方各有法規，再加上「上有政策、下有對策」的做法以及「人治」現象仍時有所聞，使得各地區與各城市間的投資環境與風險差異很大，尤其是法制環境更是如此。因此我們建議台商在前往大陸投資之前，必須先詳細調查該城市之投資環境資料，多聽取當地台商之經驗，特別是必須瞭解各級政府的各項法令規定。唯有充分的評估與瞭解，才得以減少未來投資所可能遭遇的風險。

2. **台商應更加積極朝企業升級的兩岸分工模式發展**：首先，大陸近年來因部分地區強調自有經濟的發展，這使得某些地方政府不再積極進行對外招商。因此台商未來仍應加強企業本身的科技研究發展，若不圖進步依然僅從事固有的來料加工生產模式，將容易被大陸當地廠商所取代。此外，世界各國的企業對於中國大陸的認識程度越來越深，而這些國際大企業的科技水平高於台灣的情形下，同樣的，台商企業在中國大陸的發展容易遭到這些大廠的取代。因此本研究建議唯有加強台灣本地的研發能力，將技術提升到國際水準，才是避免遭到取代的最佳利器。再者，利用提升台灣的研發技術與台灣在兩岸佈局的學習曲線作為本身優勢，更可以讓國際企業願意將台灣視為進軍中國大陸的跳板，藉由技術往低處流的原理，進一步提升台灣的國際競爭力。

3. **台商面對水電基礎設施的欠缺應有分散風險的投資規劃**：依此次的調查顯示，中國大陸整體基礎設施與自然環境指標比往昔降低，這是由於大陸的跳躍式的經濟成長，但是電力供應、交通網路、機場貨運的相關配套措施未能配合，以至造成經營的困境，藉此機會，台商應思索全球佈局的策略思維，強調投資組合以分散風險。

4. **台商應加入台商協會與產業公會，便於形成互助合作的產業網路**：建議台商應加入當地台商協會，並與之多加互動。一方面可以藉由他人分享的投資經驗，減少失敗的風險並降低進入障礙；另一方面，以台商協會為後盾，在有需要時可以隨時請求幫助與支援。此外，產業同業公會，如台灣區電機電子工業同業公會等，

亦有相當專業資訊，提供台商更佳的助力，也是能夠尋得幫助的重要管道之一。

5. **台商應掌握台商投資大陸熟悉之累積優勢**：台商由於對中國大陸市場的熟悉程度越來越深，因此本研究建議，台商應該主動拓銷大陸市場，而非將中國大陸單單只是視為一個代工生產基地，以取代過去的內銷轉出口的投資模式，並積極拓展產業升級及企業產品的區隔。

6. **面對宏觀調控之政策變化，台商不能盲目的擴張投資**：台商應注意大陸投資環境的變動性，以及政策的落實力度。例如中國大陸當局對於避免投資過熱現象的防治上，下了許多的功夫，相對的也對於台商產生了許多經營的困難點。所以台商在投資時要審慎的選擇以及適當的佈局，不要把所有的雞蛋都放在同一個籃子裡。再者，稍微放緩投資腳步，釐清企業本身投資目標，再針對宏觀調控做好投資規劃。

第一、尚未決定赴大陸投資之台商：若大陸宏觀調控有效且兩岸產業結構沒有改變，企業未來仍可繼續進行「全球佈局、兩岸分工」動作。

第二、決定赴大陸投資，但尚未進行買地蓋廠房之台商：尚未買地台商應可仔細挑選，再決定買地或租地。已買土地但尚未蓋廠房台商，現階段蓋廠成本很高，宜等待大陸生產財價格回跌後，再行建廠工作。至於買地或房地投資者應注意空地時效，避免閒置過久遭大陸主管機關沒收。

第三、已赴大陸投資者：針對大陸電力不足拉閘停電地區之台商，除調整上班時間外，應考慮自備發電機處理。內銷及與大陸銀行往來之廠商因注意銀行緊縮信用風險。亦可能受上下游供應商及客戶因緊縮信用支付危機之風險。

對台灣當局之建議

1. **繼續維持兩岸穩定經貿交流之措施**：隨著台灣加速產業科技升級的推動，兩岸分工共榮的趨勢越來越明顯，因此有必要更加強兩岸經濟性協商議題之規劃，健全相關法令及加強民間經貿交流，仍是未來必須繼續進行的重點工作。如此，才能在兩岸經貿交流上，更能符合整體發展需要。

2. **兩岸經貿糾紛及智財權保護有待台灣當局繼續協助台商進行解決**：大陸台商經常遇到許多經貿糾紛，但在尋找有關部門協助時，往往無法獲得滿意的解決，特別是當糾紛進入司法或仲裁程序後，更需要專業人士或單位的協助，因此建議主管機關應該可以成立民間的法律顧問團，其中可同時聘僱台灣的律師與大陸的律師，共同協助台商於大陸進行法律訴訟，也希望兩岸雙方能互派仲裁員，以利糾紛的解

決。再者，對於台灣企業所擁有的專利、商標等智慧財產權部分，亦是台商企業所面臨的重要法律問題。因此兩岸今後宜設法建立管道，使兩岸官方機構的管理經驗與實際運作情形及法令制度（包括出版的文獻，諸如：專利公報、商標公報、著作，各種審查基準）等能互相交流，相互參考，相信對於兩岸改善智慧財產權之保護與加強創作發明及促進交易秩序一定有莫大助益。

3. **積極開放三通，方便企業兩岸分工佈局**：台商赴大陸投資已是不可抵擋的趨勢，主管部門也曾做出「積極開放、有效管理」之政策宣示。在現階段，台灣應該繼續加強增加兩岸的人員、資金與貨品的自由流動，因此本研究建議仍需將政治的爭議放在一旁，正視三通的必要性，為台商創造競爭優勢，亦為台灣在國際的競爭地位加分。

4. **兩岸應積極簽訂「台商投資保障協定」**：台商企業赴大陸投資眾，且投資金額日益增加，為保障台商之權益，主管機關應基於保障投資之前提，與中國大陸簽訂保障台商在中國大陸投資的相關權利，以免因兩岸互動的高度不確定性，而影響台商在兩岸分工的策略佈局。

對大陸當局之建議

1. **大陸當局應積極建構「法治重於人治」的施政核心理念**：對大陸台商而言，產生投資風險最普遍之原因，就是大陸地區「人治大於法治」的情況，雖然此情形已獲得一定程度上的改善，但卻仍有進步的空間存在。畢竟這些不確定性因素皆會造成台商無所適從，甚至徒增損失。

2. **大陸當局應致力於金融現代化之措施**：大陸自改革開放後，金融市場之開放亦隨之進行，雖然相較於過去，市場規模之擴大成效較明顯，但在體制及結構上，不論在銀行、證券、債券、保險都還有很大的進步空間。對大陸而言，最重要的挑戰是入世後，透過學習外國經營、管理的方式，培養金融人才，提高其競爭力。此外，金融開放對大陸經濟也將帶來波動，使大陸在金融調控之自主能力下限，為減少弊病之產生或將衝擊降至最低，勢必要由加強金融監督及管理之能力，這就需要健全的法規、制度之訂定、明確的政策方向、強有力的執行力。

3. **大陸當局應加強智慧財產權的保護**：中國大陸在2004年4月份承諾採取的措施包括：降低對侵犯智慧財產權行動實施行政處份的門檻，持續在大陸各地加強打擊盜版和仿冒的稽查行動，落實新的海關措施以打擊仿冒品的進出口活動，持續對大陸當局和企業使用正版軟體進行檢查，並加強對公眾尊重智慧財產權的宣導工

作。冀望大陸主管部門能徹底落實以保護台商企業在仿冒上所遭遇的困難點。

4. **大陸當局應加強地方官員的誠信、求真和務實的施政風範**：少數不肖地方官員對類似SARS事件之隱瞞，不但造成一發難以收拾的局面及整體經濟的下滑，亦影響到全世界的經濟發展。因此加強地方官員誠信負責的觀念，避免類似事件再度的發生。

5. **大陸當局在強調與時俱進之際，亦應兼顧政策之延續性**：儘管2004年宏觀調控為的是將中國大陸近幾年來過熱經濟降溫，但是政策是需有延續性的，政策發佈，需風行草偃，不可因人而異，在此講求的是「誠信」二字，面對合同亦同，但是政策是不可凌駕合同之上，更不可因為宏觀調控而撕毀或背信合同。因為如此一來，外資面對的不僅是政策法紀的問題、合同的不受保障，誠信一旦受損，隨之而來的將是各方面風險不斷的上升，因此，對於投資允諾之優惠仍應予有效落實。

6. **大陸當局應致力產業發展所需水電資源的投入與建設**：由此次調查的資訊顯示，「水電燃氣供應不確定的風險」已躍居投資風險的第1名，缺電的情況將使企業的擴廠與再投資卻步，因此中國大陸各級政府在致力招商引資之際，亦應對完善投資環境戮力投入，特別是生產的投入要素，諸如：水電燃氣、交通網路、海陸運輸等，都應建設完備。

第六篇

實用資訊篇

愈深入瞭解大陸各城市的資訊與評比，

愈能夠掌握致勝先機，

立於不敗之地……。

城市評比分析

城市名稱	杭州蕭山			綜合指標與排名(分／名)			95.82／1	
人口數	114.2 萬人			平均工資			13,454 元	
外資投資金額	8749 萬美元			台商樣本回收數			39 份	
競爭力 (20%)	項目	基礎條件	財政條件	投資條件	經濟條件	就業條件	加權平均	
	分數	61.84	88.15	89.91	88.15	72.8	83.75	
	排名	29	14	7	9	23	12	
投資環境 (30%)	項目	自然環境	基礎建設	公共設施	社會環境	法制環境	經濟環境	經營環境	加權平均
	分數	4.04	4.08	3.86	3.95	3.95	3.87	3.73	3.92
	排名	3	1	4	4	2	2	7	1
投資風險 (30%)	項目	社會風險	法治風險	經濟風險	經營風險	加權平均		
	分數	21	2.09	2.16	2.14	2.12		
	排名	11	7	7	7	3		
台商推薦 (20%)	2004 年推薦等級		分數	4.36	2003 推薦等級		分數	3.94
	極力推薦		排名	1	極力推薦		排名	1

城市名稱	上海閔行			綜合指標與排名(分／名)			93.42／2	
人口數	萬人			平均工資			元	
外資投資金額	萬美元			台商樣本回收數			15 份	
競爭力 (20%)	項目	基礎條件	財政條件	投資條件	經濟條件	就業條件	加權平均	
	分數	93.20	100	99.71	98.90	96.78	98.42	
	排名	2	1	1	1	3	1	
投資環境 (30%)	項目	自然環境	基礎建設	公共設施	社會環境	法制環境	經濟環境	經營環境	加權平均
	分數	3.75	3.76	3.97	3.66	3.29	3.49	3.40	3.54
	排名	12	5	3	9	22	14	20	5
投資風險 (30%)	項目	社會風險	法治風險	經濟風險	經營風險	加權平均		
	分數	2.21	2.33	2.27	2.22	2.27		
	排名	13	18	13	10	7		
台商推薦 (20%)	2004 年推薦等級		分數	3.92	2003 推薦等級		分數	3.53
	極力推薦		排名	6	值得推薦		排名	10

《杭州蕭山、上海閔行》

城市名稱	成都		綜合指標與排名(分／名)			92.36／3	
人口數	1,028.48 萬人			平均工資		13,712.25 元	
外資投資金額	40,110 萬美元		台商樣本回收數			33 份	

競爭力 (20%)	項目	基礎條件	財政條件	投資條件	經濟條件	就業條件	加權平均
	分數	89.91	81.58	87.17	78.94	78.65	82.86
	排名	5	22	11	18	15	13

投資環境 (30%)	項目	自然環境	基礎建設	公共設施	社會環境	法制環境	經濟環境	經營環境	加權平均
	分數	3.98	3.74	3.65	3.52	3.59	3.44	3.63	3.61
	排名	8	8	7	16	6	16	9	4

投資風險 (30%)	項目	社會風險	法治風險	經濟風險	經營風險	加權平均
	分數	2.09	2.18	2.05	2.15	2.13
	排名	10	12	5	8	5

台商推薦 (20%)	2004 年推薦等級	分數	4.24	2003 推薦等級	分數	3.57
	極力推薦	排名	3	極力推薦	排名	7

城市名稱	揚州		綜合指標與排名(分／名)			89.39／4	
人口數	452.22 萬人			平均工資		12,006 元	
外資投資金額	6,654 萬美元		台商樣本回收數			27 份	

競爭力 (20%)	項目	基礎條件	財政條件	投資條件	經濟條件	就業條件	加權平均
	分數	45.83	53.07	55.49	55.70	48.53	53.18
	排名	65	54	42	51	62	50

投資環境 (30%)	項目	自然環境	基礎建設	公共設施	社會環境	法制環境	經濟環境	經營環境	加權平均
	分數	3.81	3.88	3.66	3.65	3.53	3.78	3.77	3.70
	排名	11	2	6	11	12	4	5	2

投資風險 (30%)	項目	社會風險	法治風險	經濟風險	經營風險	加權平均
	分數	2.00	2.11	2.13	2.14	2.11
	排名	7	10	6	6	2

台商推薦 (20%)	2004 年推薦等級	分數	4.25	2003 推薦等級	分數	3.53
	極力推薦	排名	2	極力推薦	排名	8

城市名稱	徐州		綜合指標與排名(分／名)			88.39／5	
人口數	904.44 萬人			平均工資		11,887 元	
外資投資金額	20,790 萬美元		台商樣本回收數			28 份	

競爭力 (20%)	項目	基礎條件	財政條件	投資條件	經濟條件	就業條件	加權平均
	分數	58.11	61.40	68.45	55.92	51.75	60.09
	排名	36	45	26	50	54	37

投資環境 (30%)	項目	自然環境	基礎建設	公共設施	社會環境	法制環境	經濟環境	經營環境	加權平均
	分數	3.75	3.61	3.29	3.39	3.57	3.44	3.65	3.53
	排名	14	12	27	27	8	17	8	6

投資風險 (30%)	項目	社會風險	法治風險	經濟風險	經營風險	加權平均
	分數	2.04	2.02	2.19	2.11	2.09
	排名	8	5	9	4	1

台商推薦 (20%)	2004 年推薦等級	分數	4.07	2003 推薦等級	分數	-
	極力推薦	排名	5	-	排名	-

《成都、揚州、徐州》

城市名稱	無錫江陰			綜合指標與排名(分／名)		86.41／6	
人口數	115.7 萬人			平均工資		12,506 元	
外資投資金額	37,376 萬美元			台商樣本回收數		17 份	

競爭力 (20%)	項目	基礎條件	財政條件	投資條件	經濟條件	就業條件	加權平均
	分數	28.51	58.33	30.98	67.98	32.74	46.20
	排名	100	49	80	36	83	59

投資環境 (30%)	項目	自然環境	基礎建設	公共設施	社會環境	法制環境	經濟環境	經營環境	加權平均
	分數	4.04	3.76	3.61	3.84	3.58	3.65	3.43	3.65
	排名	2	6	8	5	7	8	18	3

投資風險 (30%)	項目	社會風險	法治風險	經濟風險	經營風險	加權平均
	分數	1.99	2.05	2.17	2.21	2.12
	排名	3	6	8	9	3

台商推薦 (20%)	2004 年推薦等級		分數	4.24	2003 推薦等級		分數	-
	極力推薦		排名	3	-		排名	-

城市名稱	天津市			綜合指標與排名(分／名)		85.65／7	
人口數	919.05 萬人			平均工資		16,257.97 元	
外資投資金額	380,591 萬美元			台商樣本回收數		25 份	

競爭力 (20%)	項目	基礎條件	財政條件	投資條件	經濟條件	就業條件	加權平均
	分數	89.47	96.49	96.59	92.98	91.22	93.97
	排名	6	5	4	6	5	4

投資環境 (30%)	項目	自然環境	基礎建設	公共設施	社會環境	法制環境	經濟環境	經營環境	加權平均
	分數	3.36	3.43	3.21	3.48	3.32	3.32	3.40	3.36
	排名	49	18	36	19	20	21	22	11

投資風險 (30%)	項目	社會風險	法治風險	經濟風險	經營風險	加權平均
	分數	2.45	2.57	2.66	2.59	2.58
	排名	24	26	29	23	13

台商推薦 (20%)	2004 年推薦等級		分數	3.81	2003 推薦等級		分數	3.18
	極力推薦		排名	10	值得推薦		排名	32

城市名稱	蘇州昆山			綜合指標與排名(分／名)		83.42／8	
人口數	60.70 萬人			平均工資		14,383 元	
外資投資金額	70,396 萬美元			台商樣本回收數		128 份	

競爭力 (20%)	項目	基礎條件	財政條件	投資條件	經濟條件	就業條件	加權平均
	分數	62.28	86.40	82.74	95.61	78.07	84.40
	排名	28	17	14	4	16	11

投資環境 (30%)	項目	自然環境	基礎建設	公共設施	社會環境	法制環境	經濟環境	經營環境	加權平均
	分數	3.60	3.49	3.45	3.44	3.39	3.44	3.49	3.45
	排名	20	14	13	21	16	15	16	9

投資風險 (30%)	項目	社會風險	法治風險	經濟風險	經營風險	加權平均
	分數	2.48	2.61	2.59	2.60	2.59
	排名	26	29	26	25	14

台商推薦 (20%)	2004 年推薦等級		分數	3.77	2003 推薦等級		分數	3.49
	極力推薦		排名	11	值得推薦		排名	16

《無錫江陰、天津市、蘇州昆山》

城市名稱	嘉興		綜合指標與排名(分／名)		82.22 / 9	
人口數	332.38 萬人		平均工資		17876.64 元	
外資投資金額	48,054 萬美元		台商樣本回收數		17 份	

競爭力 (20%)	項目	基礎條件	財政條件	投資條件	經濟條件	就業條件	加權平均
	分數	47.58	29.82	47.05	69.73	50.29	51.82
	排名	58	81	55	34	58	53

投資環境 (30%)	項目	自然環境	基礎建設	公共設施	社會環境	法制環境	經濟環境	經營環境	加權平均
	分數	3.72	3.44	3.41	3.66	3.54	3.59	3.37	3.52
	排名	17	17	15	10	10	10	25	7

投資風險 (30%)	項目	社會風險	法治風險	經濟風險	經營風險	加權平均
	分數	2.18	2.12	2.29	2.40	2.26
	排名	12	11	13	15	6

台商推薦 (20%)	2004 年推薦等級	分數	3.88	2003 推薦等級	分數	-
	極力推薦	排名	9		排名	-

城市名稱	大連		綜合指標與排名(分／名)		81.71 / 10	
人口數	557.93 萬人		平均工資		15,525 元	
外資投資金額	130,597 萬美元		台商樣本回收數		25 份	

競爭力 (20%)	項目	基礎條件	財政條件	投資條件	經濟條件	就業條件	加權平均
	分數	77.85	92.54	85.36	87.06	80.99	85.54
	排名	15	9	13	11	11	9

投資環境 (30%)	項目	自然環境	基礎建設	公共設施	社會環境	法制環境	經濟環境	經營環境	加權平均
	分數	3.40	3.47	3.44	3.54	3.27	3.28	3.24	3.35
	排名	40	15	14	14	23	24	43	12

投資風險 (30%)	項目	社會風險	法治風險	經濟風險	經營風險	加權平均
	分數	2.47	2.61	2.54	2.66	2.60
	排名	25	30	19	27	15

台商推薦 (20%)	2004 年推薦等級	分數	3.76	2003 推薦等級	分數	3.57
	極力推薦	排名	12	極力推薦	排名	6

城市名稱	南昌		綜合指標與排名(分／名)		79.87 / 11	
人口數	448.85 萬人		平均工資		11,730.92 元	
外資投資金額	36,733 萬美元		台商樣本回收數		17 份	

競爭力 (20%)	項目	基礎條件	財政條件	投資條件	經濟條件	就業條件	加權平均
	分數	58.55	60.52	54.44	51.09	60.23	55.63
	排名	35	46	45	53	43	45

投資環境 (30%)	項目	自然環境	基礎建設	公共設施	社會環境	法制環境	經濟環境	經營環境	加權平均
	分數	3.62	3.40	3.38	3.58	3.50	3.34	3.62	3.40
	排名	19	22	23	13	13	21	19	22

投資風險 (30%)	項目	社會風險	法治風險	經濟風險	經營風險	加權平均
	分數	2.27	2.30	2.44	2.42	2.37
	排名	17	16	18	18	8

台商推薦 (20%)	2004 年推薦等級	分數	3.76	2003 推薦等級	分數	3.94
	極力推薦	排名	12	-	排名	1

《嘉興、大連、南昌》

城市名稱		汕頭		綜合指標與排名(分／名)			79.27／12	
人口數		479.5 萬人		平均工資			13,565 元	
外資投資金額		15,820 萬美元		台商樣本回收數			40 份	
競爭力 (20%)	項目	基礎條件	財政條件	投資條件	經濟條件	就業條件		加權平均
	分數	23.02	50.87	44.17	46.05	37.42		42.61
	排名	103	55	59	65	73		65
投資環境 (30%)	項目	自然環境	基礎建設	公共設施	社會環境	法制環境	經濟環境	經營環境	加權平均
	分數	3.66	3.55	3.55	3.28	3.55	3.53	3.49	3.52
	排名	19	12	9	34	11	12	16	7
投資風險 (30%)	項目	社會風險		法治風險		經濟風險		經營風險	加權平均
	分數	2.42		2.2		2.19		2.24	2.42
	排名	22		15		9		12	9
台商推薦 (20%)	2004 年推薦等級		分數	3.89	2003 推薦等級		分數	3.53
	極力推薦		排名	8	值得推薦		排名	9

城市名稱		濟南		綜合指標與排名(分／名)			78.12／13	
人口數		575.01 萬人		平均工資			14,395.53 元	
外資投資金額		54,189 萬美元		台商樣本回收數			21 份	
競爭力 (20%)	項目	基礎條件	財政條件	投資條件	經濟條件	就業條件		加權平均
	分數	86.84	83.33	82.27	78.73	78.94		81.32
	排名	7	18	15	19	14		14
投資環境 (30%)	項目	自然環境	基礎建設	公共設施	社會環境	法制環境	經濟環境	經營環境	加權平均
	分數	3.32	3.29	3.10	3.45	3.21	3.26	3.33	3.27
	排名	56	31	52	20	31	26	29	19
投資風險 (30%)	項目	社會風險		法治風險		經濟風險		經營風險	加權平均
	分數	2.36		2.50		2.56		2.55	2.52
	排名	19		23		25		20	11
台商推薦 (20%)	2004 年推薦等級		分數	3.55	2003 推薦等級		分數	3.40
	極力推薦		排名	17	值得推薦		排名	19

城市名稱		青島		綜合指標與排名(分／名)			76.98／14	
人口數		715.65 萬人		平均工資			14,113.80 元	
外資投資金額		231,214 萬美元		台商樣本回收數			22 份	
競爭力 (20%)	項目	基礎條件	財政條件	投資條件	經濟條件	就業條件		加權平均
	分數	78.07	89.47	88.47	85.74	81,57		85.73
	排名	14	13	8	13	10		8
投資環境 (30%)	項目	自然環境	基礎建設	公共設施	社會環境	法制環境	經濟環境	經營環境	加權平均
	分數	3.43	3.41	3.35	3.43	3.26	3.16	3.48	3.34
	排名	34	22	22	23	27	40	17	13
投資風險 (30%)	項目	社會風險		法治風險		經濟風險		經營風險	加權平均
	分數	2.51		2.65		2.70		2.58	2.62
	排名	33		33		33		22	18
台商推薦 (20%)	2004 年推薦等級		分數	3.45	2003 推薦等級		分數	3.52
	極力推薦		排名	21	極力推薦		排名	12

《汕頭、濟南、青島》

城市名稱		蘇州市區		綜合指標與排名(分／名)				74.2 / 15	
人口數		583.86 萬人		平均工資				15,924 元	
外資投資金額		288,338 萬美元		台商樣本回收數				82 份	
競爭力 (20%)	項目	基礎條件	財政條件	投資條件	經濟條件		就業條件	加權平均	
	分數	62.38	86.40	82.74	95.61		78.07	84.40	
	排名	28	17	14	4		16	11	
投資環境 (30%)	項目	自然環境	基礎建設	公共設施	社會環境	法制環境	經濟環境	經營環境	加權平均
	分數	3.73	3.39	3.19	3.27	3.14	3.21	3.38	3.26
	排名	13	24	42	34	38	29	24	20
投資風險 (30%)	項目	社會風險		法治風險		經濟風險		經營風險	加權平均
	分數	2.53		2.7		2.63		2.6	2.63
	排名	34		37		27		25	19
台商推薦 (20%)	2004 年推薦等級		分數	3.61	2003 推薦等級			分數	3.58
	極力推薦		排名	15	極力推薦			排名	4

城市名稱		南京市區		綜合指標與排名(分／名)				73.18 / 16	
人口數		563.28 萬人		平均工資				19,531 元	
外資投資金額		81,277 萬美元		台商樣本回收數				16 份	
競爭力 (20%)	項目	基礎條件	財政條件	投資條件	經濟條件		就業條件	加權平均	
	分數	78.51	95.17	91.60	86.18		87.71	88.62	
	排名	13	6	6	12		6	6	
投資環境 (30%)	項目	自然環境	基礎建設	公共設施	社會環境	法制環境	經濟環境	經營環境	加權平均
	分數	3.8	3.51	3.24	3.31	3.13	3.19	3.36	3.29
	排名	12	14	33	30	39	37	28	17
投資風險 (30%)	項目	社會風險		法治風險		經濟風險		經營風險	加權平均
	分數	2.53		2.66		2.72		2.71	2.68
	排名	34		34		36		32	22
台商推薦 (20%)	2004 年推薦等級		分數	3.44	2003 推薦等級			分數	3.21
	極力推薦		排名	23	值得推薦			排名	29

城市名稱		蘇州太倉		綜合指標與排名(分／名)				71.08 / 17	
人口數		萬人		平均工資				元	
外資投資金額		萬美元		台商樣本回收數				15 份	
競爭力 (20%)	項目	基礎條件	財政條件	投資條件	經濟條件		就業條件	加權平均	
	分數	62.28	86.40	82.74	95.61		78.07	84.40	
	排名	28	17	14	4		16	11	
投資環境 (30%)	項目	自然環境	基礎建設	公共設施	社會環境	法制環境	經濟環境	經營環境	加權平均
	分數	3.75	3.36	3.04	3.52	3.27	3.19	3.31	3.30
	排名	13	26	57	15	24	37	32	16
投資風險 (30%)	項目	社會風險		法治風險		經濟風險		經營風險	加權平均
	分數	2.65		2.83		2.73		2.75	2.76
	排名	43		48		37		34	29
台商推薦 (20%)	2004 年推薦等級		分數	3.53	2003 推薦等級			分數	3.55
	極力推薦		排名	19	-			排名	-

《蘇州市區、南京市區、蘇州太倉》

城市名稱		寧波市區		綜合指標與排名(分／名)			70.00／18	
人口數		546.19 萬人		平均工資			21,123.38 元	
外資投資金額		62,186 萬美元		台商樣本回收數			32 份	
競爭力 (20%)	項目	基礎條件	財政條件	投資條件	經濟條件	就業條件		加權平均
	分數	61.84	88.15	89.91	88.15	72.80		83.75
	排名	29	14	7	9	23		12
投資環境 (30%)	項目	自然環境	基礎建設	公共設施	社會環境	法制環境	經濟環境	經營環境	加權平均
	分數	3.52	3.23	3.33	3.35	3.22	3.22	3.22	3.26
	排名	28	40	23	28	32	28	46	20
投資風險 (30%)	項目	社會風險	法治風險	經濟風險	經營風險			加權平均
	分數	2.60	2.50	2.68	2.68			2.61
	排名	38	21	31	29			17
台商推薦 (20%)	2004 年推薦等級		分數	3.29	2003 推薦等級		分數	3.38
	值得推薦		排名	31	極力推薦		排名	20

城市名稱		漳州		綜合指標與排名(分／名)			69.52／19	
人口數		453.25 萬人		平均工資			10,281.98 元	
外資投資金額		71,420 萬美元		台商樣本回收數			27 份	
競爭力 (20%)	項目	基礎條件	財政條件	投資條件	經濟條件	就業條件		加權平均
	分數	32.01	19.73	50.27	42.10	24.26		37.51
	排名	93	93	51	69	99		74
投資環境 (30%)	項目	自然環境	基礎建設	公共設施	社會環境	法制環境	經濟環境	經營環境	加權平均
	分數	3.62	3.34	3.17	3.35	3.37	3.31	3.18	3.32
	排名	23	27	44	28	17	20	51	14
投資風險 (30%)	項目	社會風險	法治風險	經濟風險	經營風險			加權平均
	分數	2.49	2.57	2.6	2.66			2.6
	排名	27	26	26	26			15
台商推薦 (20%)	2004 年推薦等級		分數	3.54	2003 推薦等級		分數	3.15
	值得推薦		排名	18	值得推薦		排名	34

城市名稱		紹興		綜合指標與排名(分／名)			69.19／20	
人口數		433.59 萬人		平均工資			16,861.63 元	
外資投資金額		38,167 萬美元		台商樣本回收數			15 份	
競爭力 (20%)	項目	基礎條件	財政條件	投資條件	經濟條件	就業條件		加權平均
	分數	46.71	33.77	71.1	79.82	54.67		63.21
	排名	59	80	25	17	49		33
投資環境 (30%)	項目	自然環境	基礎建設	公共設施	社會環境	法制環境	經濟環境	經營環境	加權平均
	分數	3.31	3.14	3.24	3.6	3.22	3.35	3.25	3.26
	排名	55	56	33	14	33	19	41	20
投資風險 (30%)	項目	社會風險	法治風險	經濟風險	經營風險			加權平均
	分數	2.59	2.78	2.59	2.88			2.66
	排名	36	43	25	59			20
台商推薦 (20%)	2004 年推薦等級		分數	3.56	2003 推薦等級		分數	-
	值得推薦		排名	11	-		排名	-

《寧波市區、漳州、紹興》

城市名稱		珠海	綜合指標與排名(分／名)		68.93／21

城市名稱	珠海	綜合指標與排名(分／名)	68.93／21
人口數	78.61 萬人	平均工資	18,505 元
外資投資金額	81,518 萬美元	台商樣本回收數	20 份

競爭力 (20%)	項目	基礎條件	財政條件	投資條件	經濟條件	就業條件	加權平均
	分數	32.23	75.44	64.19	62.06	73.68	63.46
	排名	91	28	29	45	21	32

投資環境 (30%)	項目	自然環境	基礎建設	公共設施	社會環境	法制環境	經濟環境	經營環境	加權平均
	分數	3.55	3.36	3.29	3.34	3.24	3.23	3.40	3.31
	排名	25	25	28	29	28	27	19	15

投資風險 (30%)	項目	社會風險	法治風險	經濟風險	經營風險	加權平均
	分數	2.68	2.68	2.80	2.85	2.76
	排名	44	35	43	55	29

台商推薦 (20%)	2004 年推薦等級	分數	3.69	2003 推薦等級	分數	3.50
	值得推薦	排名	14	值得推薦	排名	13

城市名稱	寧波餘姚	綜合指標與排名(分／名)	66.11／22
人口數	萬人	平均工資	元
外資投資金額	萬美元	台商樣本回收數	18 份

競爭力 (20%)	項目	基礎條件	財政條件	投資條件	經濟條件	就業條件	加權平均
	分數	61.84	88.15	89.91	88.15	72.80	83.75
	排名	29	14	7	9	23	12

投資環境 (30%)	項目	自然環境	基礎建設	公共設施	社會環境	法制環境	經濟環境	經營環境	加權平均
	分數	3.22	3.21	3.16	3.14	3.23	3.16	3.11	3.18
	排名	68	42	46	51	29	39	61	29

投資風險 (30%)	項目	社會風險	法治風險	經濟風險	經營風險	加權平均
	分數	2.53	2.33	2.55	2.66	2.51
	排名	34	19	20	26	10

台商推薦 (20%)	2004 年推薦等級	分數	3.17	2003 推薦等級	分數	2.90
	值得推薦	排名	40	勉予推薦	排名	46

城市名稱	上海松江	綜合指標與排名(分／名)	63.89／23
人口數	萬人	平均工資	元
外資投資金額	萬美元	台商樣本回收數	25 份

競爭力 (20%)	項目	基礎條件	財政條件	投資條件	經濟條件	就業條件	加權平均
	分數	93.20	100	99.71	98.90	96.78	98.42
	排名	2	1	1	1	3	1

投資環境 (30%)	項目	自然環境	基礎建設	公共設施	社會環境	法制環境	經濟環境	經營環境	加權平均
	分數	3.37	3.29	3.12	3.26	2.93	3.03	3.17	3.11
	排名	47	29	50	36	61	50	51	39

投資風險 (30%)	項目	社會風險	法治風險	經濟風險	經營風險	加權平均
	分數	2.67	2.66	2.68	2.78	2.71
	排名	43	34	30	43	24

台商推薦 (20%)	2004 年推薦等級	分數	3.44	2003 推薦等級	分數	3.50
	值得推薦	排名	23	值得推薦	排名	13

《珠海、寧波餘姚、上海松江》

城市名稱		常州		綜合指標與排名(分／名)			63.01／24	
人口數		343.24 萬人		平均工資			14,906.69 元	
外資投資金額		56,120 萬美元		台商樣本回收數			15 份	
競爭力 (20%)	項目	基礎條件	財政條件	投資條件	經濟條件	就業條件	加權平均	
	分數	49.78	79.38	60.80	76.31	62.28	67.36	
	排名	57	24	36	24	34	30	
投資環境 (30%)	項目	自然環境	基礎建設	公共設施	社會環境	法制環境	經濟環境	經營環境	加權平均
	分數	3.43	3.32	3.37	3.32	3.26	3.21	3.43	3.32
	排名	34	33	24	31	23	40	34	33
投資風險 (30%)	項目	社會風險	法治風險	經濟風險	經營風險		加權平均	
	分數	2.74	2.81	2.70	2.78		2.77	
	排名	48	39	34	40		31	
台商推薦 (20%)	2004 年推薦等級		分數	3.38	2003 推薦等級		分數	-
	值得推薦		排名	27	-		排名	-

城市名稱		莆田		綜合指標與排名(分／名)			62.73／25	
人口數		200.81 萬人		平均工資			11,331 元	
外資投資金額		28,208 萬美元		台商樣本回收數			19 份	
競爭力 (20%)	項目	基礎條件	財政條件	投資條件	經濟條件	就業條件	加權平均	
	分數	14.47	24.12	40.59	19.73	29.82	27.64	
	排名	113	88	63	97	90	92	
投資環境 (30%)	項目	自然環境	基礎建設	公共設施	社會環境	法制環境	經濟環境	經營環境	加權平均
	分數	3.36	3.26	3.18	3.21	3.26	3.21	3.28	3.25
	排名	50	34	43	39	25	31	36	23
投資風險 (30%)	項目	社會風險	法治風險	經濟風險	經營風險		加權平均	
	分數	2.43	2.55	2.56	2.53		2.53	
	排名	23	25	23	18		12	
台商推薦 (20%)	2004 年推薦等級		分數	3.52	2003 推薦等級		分數	3.19
	值得推薦		排名	20	勉予推薦		排名	30

城市名稱		上海浦東		綜合指標與排名(分／名)			60.28／26	
人口數		萬人		平均工資			元	
外資投資金額		萬美元		台商樣本回收數			24 份	
競爭力 (20%)	項目	基礎條件	財政條件	投資條件	經濟條件	就業條件	加權平均	
	分數	93.20	100	99.71	98.90	96.78	98.42	
	排名	2	1	1	1	3	1	
投資環境 (30%)	項目	自然環境	基礎建設	公共設施	社會環境	法制環境	經濟環境	經營環境	加權平均
	分數	3.42	3.41	3.29	3.19	2.90	2.92	3.20	3.12
	排名	35	21	29	46	67	65	47	35
投資風險 (30%)	項目	社會風險	法治風險	經濟風險	經營風險		加權平均	
	分數	2.76	2.91	2.85	2.77		2.83	
	排名	59	57	48	37		34	
台商推薦 (20%)	2004 年推薦等級		分數	4.36	2003 推薦等級		分數	3.94
	值得推薦		排名	21	值得推薦		排名	18

《常州、莆田、上海浦東》

城市名稱		南通		綜合指標與排名(分／名)				59.37／27	
人口數		780.26 萬人		平均工資				12,109.26 元	
外資投資金額		14,292 萬美元		台商樣本回收數				26 份	
競爭力 (20%)	項目	基礎條件	財政條件	投資條件	經濟條件		就業條件	加權平均	
	分數	51.75	61.40	54.89	64.69		50.87	57.89	
	排名	52	44	44	40		57	42	
投資環境 (30%)	項目	自然環境	基礎建設	公共設施	社會環境	法制環境	經濟環境	經營環境	加權平均
	分數	3.28	3.22	3.12	3.43	3.22	3.11	3.22	3.22
	排名	61	41	49	22	33	45	45	27
投資風險 (30%)	項目	社會風險		法治風險		經濟風險		經營風險	加權平均
	分數	2.78		2.64		2.86		2.79	2.75
	排名	60		32		51		45	27
台商推薦 (20%)	2004 年推薦等級		分數	3.39	2003 推薦等級			分數	4.58
	值得推薦		排名	25	-			排名	-

城市名稱		重慶市		綜合指標與排名(分／名)				58.02／28	
人口數		3,113.83 萬人		平均工資				10,960.05 元	
外資投資金額		28,089 萬美元		台商樣本回收數				17 份	
競爭力 (20%)	項目	基礎條件	財政條件	投資條件	經濟條件		就業條件	加權平均	
	分數	69.08	95.17	85.94	71.27		51.75	76.11	
	排名	22	6	12	32		55	19	
投資環境 (30%)	項目	自然環境	基礎建設	公共設施	社會環境	法制環境	經濟環境	經營環境	加權平均
	分數	3.66	3.37	3.30	3.12	3.00	3.08	3.17	3.17
	排名	17	25	33	48	47	48	55	31
投資風險 (30%)	項目	社會風險		法治風險		經濟風險		經營風險	加權平均
	分數	2.66		2.70		2.75		2.73	2.72
	排名	40		37		38		32	25
台商推薦 (20%)	2004 年推薦等級		分數	3.18	2003 推薦等級			分數	3.00
	值得推薦		排名	39	值得推薦			排名	41

城市名稱		江門		綜合指標與排名(分／名)				55.95／29	
人口數		381.27 萬人		平均工資				11,169.12 元	
外資投資金額		73,546 萬美元		台商樣本回收數				16 份	
競爭力 (20%)	項目	基礎條件	財政條件	投資條件	經濟條件		就業條件	加權平均	
	分數	30.92	50	55.06	67.98		42.98	53.95	
	排名	95	56	43	36		64	48	
投資環境 (30%)	項目	自然環境	基礎建設	公共設施	社會環境	法制環境	經濟環境	經營環境	加權平均
	分數	3.56	3.17	3.18	3.12	3.06	2.94	3.26	3.13
	排名	24	50	42	53	44	62	39	34
投資風險 (30%)	項目	社會風險		法治風險		經濟風險		經營風險	加權平均
	分數	2.75		2.69		2.60		2.67	2.67
	排名	54		36		27		28	21
台商推薦 (20%)	2004 年推薦等級		分數	3.27	2003 推薦等級			分數	-
	值得推薦		排名	33	-			排名	-

《南通、重慶市、江門》

城市名稱	上海市區			綜合指標與排名(分／名)			55.63／30	
人口數	1,334.23 萬人			平均工資			19,473 元	
外資投資金額	316,029 萬美元			台商樣本回收數			217 份	

競爭力 (20%)	項目	基礎條件	財政條件	投資條件	經濟條件	就業條件	加權平均
	分數	93.20	100	99.71	98.90	96.78	98.42
	排名	2	1	1	1	3	1

投資環境 (30%)	項目	自然環境	基礎建設	公共設施	社會環境	法制環境	經濟環境	經營環境	加權平均
	分數	3.41	3.31	3.39	3.28	3.00	3.18	3.28	3.20
	排名	38	28	21	34	48	38	35	28

投資風險 (30%)	項目	社會風險	法治風險	經濟風險	經營風險	加權平均
	分數	2.90	2.99	2.94	2.96	2.96
	排名	71	67	61	68	50

台商推薦 (20%)	2004 年推薦等級		分數	3.38	2003 推薦等級		分數	3.62
	值得推薦		排名	27	極力推薦		排名	3

城市名稱	北京市區			綜合指標與排名(分／名)			55.00／31	
人口數	1,136,30 萬人			平均工資			21,852 元	
外資投資金額	245,849 萬美元			台商樣本回收數			28 份	

競爭力 (20%)	項目	基礎條件	財政條件	投資條件	經濟條件	就業條件	加權平均
	分數	97.15	99.12	99.35	94.51	98.83	97.57
	排名	1	2	2	5	1	2

投資環境 (30%)	項目	自然環境	基礎建設	公共設施	社會環境	法制環境	經濟環境	經營環境	加權平均
	分數	3.32	3.32	3.21	3.20	3.07	3.14	3.27	3.14
	排名	55	27	35	41	42	44	38	32

投資風險 (30%)	項目	社會風險	法治風險	經濟風險	經營風險	加權平均
	分數	2.74	2.98	2.87	2.87	2.91
	排名	51	64	52	58	44

台商推薦 (20%)	2004 年推薦等級		分數	3.29	2003 推薦等級		分數	3.19
	值得推薦		排名	31	值得推薦		排名	31

城市名稱	中山			綜合指標與排名(分／名)			54.45／32	
人口數	136.03 萬人			平均工資			18,803 元	
外資投資金額	64,980 萬美元			台商樣本回收數			29 份	

競爭力 (20%)	項目	基礎條件	財政條件	投資條件	經濟條件	就業條件	加權平均
	分數	28.94	72.80	62.57	62.93	50.87	59.10
	排名	99	31	33	43	56	40

投資環境 (30%)	項目	自然環境	基礎建設	公共設施	社會環境	法制環境	經濟環境	經營環境	加權平均
	分數	3.58	3.26	3.25	3.07	2.93	2.92	3.33	3.12
	排名	22	33	33	57	59	67	30	35

投資風險 (30%)	項目	社會風險	法治風險	經濟風險	經營風險	加權平均
	分數	2.56	2.76	2.74	2.79	2.75
	排名	36	41	38	44	27

台商推薦 (20%)	2004 年推薦等級		分數	3.39	2003 推薦等級		分數	3.52
	值得推薦		排名	25	值得推薦		排名	11

《上海市區、北京市區、中山》

城市名稱	廈門		綜合指標與排名(分／名)		54.33／33	
人口數	137.16 萬人		平均工資		11,851 元	
外資投資金額	103,150 萬美元		台商樣本回收數		53 份	

競爭力 (20%)	項目	基礎條件	財政條件	投資條件	經濟條件	就業條件	加權平均
	分數	50.22	86.84	75.21	76.97	84.21	76.33
	排名	54	16	21	21	7	18

投資環境 (30%)	項目	自然環境	基礎建設	公共設施	社會環境	法制環境	經濟環境	經營環境	加權平均
	分數	3.41	3.29	3.23	3.24	3.00	3.14	3.29	3.18
	排名	37	30	34	37	49	42	34	29

投資風險 (30%)	項目	社會風險	法治風險	經濟風險	經營風險	加權平均
	分數	2.82	2.87	2.91	2.85	2.87
	排名	62	54	58	54	36

台商推薦 (20%)	2004 年推薦等級	分數	3.24	2003 推薦等級	分數	3.36
	值得推薦	排名	35	值得推薦	排名	23

城市名稱	寧波奉化		綜合指標與排名(分／名)		53.62／34	
人口數	萬人		平均工資		元	
外資投資金額	萬美元		台商樣本回收數		30 份	

競爭力 (20%)	項目	基礎條件	財政條件	投資條件	經濟條件	就業條件	加權平均
	分數	61.84	88.15	89.91	88.15	72.80	83.75
	排名	29	14	7	9	23	12

投資環境 (30%)	項目	自然環境	基礎建設	公共設施	社會環境	法制環境	經濟環境	經營環境	加權平均
	分數	3.33	3.18	3.09	3.18	3.36	3.20	3.26	3.25
	排名	53	47	53	48	18	35	40	23

投資風險 (30%)	項目	社會風險	法治風險	經濟風險	經營風險	加權平均
	分數	3.41	3.49	3.46	3.35	3.43
	排名	88	88	90	88	64

台商推薦 (20%)	2004 年推薦等級	分數	3.90	2003 推薦等級	分數	3.27
	勉予推薦	排名	7	-	排名	-

城市名稱	東莞厚街		綜合指標與排名(分／名)		53.39／35	
人口數	萬人		平均工資		元	
外資投資金額	萬美元		台商樣本回收數		22 份	

競爭力 (20%)	項目	基礎條件	財政條件	投資條件	經濟條件	就業條件	加權平均
	分數	43.42	83.33	68.42	80.04	52.34	69.23
	排名	71	19	27	16	53	27

投資環境 (30%)	項目	自然環境	基礎建設	公共設施	社會環境	法制環境	經濟環境	經營環境	加權平均
	分數	3.38	3.21	3.21	3.15	3.00	3.00	3.34	3.14
	排名	45	43	37	49	51	55	27	32

投資風險 (30%)	項目	社會風險	法治風險	經濟風險	經營風險	加權平均
	分數	2.73	2.82	2.64	2.70	2.73
	排名	50	47	28	31	26

台商推薦 (20%)	2004 年推薦等級	分數	3.14	2003 推薦等級	分數	-
	勉予推薦	排名	45	-	排名	-

《廈門、寧波奉化、東莞厚街》

城市名稱		蘇州吳江		綜合指標與排名(分／名)			53.12／36	
人口數		76.90 萬人		平均工資			13,605 元	
外資投資金額		15,05 萬美元		台商樣本回收數			31 份	
競爭力 (20%)	項目	基礎條件	財政條件	投資條件	經濟條件	就業條件	加權平均	
	分數	62.28	86.40	82.74	95.61	78.07	84.40	
	排名	28	17	14	4	16	11	
投資環境 (30%)	項目	自然環境	基礎建設	公共設施	社會環境	法制環境	經濟環境	經營環境	加權平均
	分數	3.47	3.20	3.01	3.15	2.98	3.01	3.09	3.08
	排名	32	44	58	50	54	53	62	43
投資風險 (30%)	項目	社會風險	法治風險	經濟風險	經營風險	加權平均
	分數	2.70	2.78	2.86	2.84	2.81
	排名	47	43	50	51	32
台商推薦 (20%)	2004 年推薦等級		分數	3.30	2003 推薦等級		分數	3.23
	勉予推薦		排名	30	值得推薦		排名	25

城市名稱		武漢		綜合指標與排名(分／名)			52.86／37	
人口數		768.10 萬人		平均工資			12,970.86 元	
外資投資金額		157,602 萬美元		台商樣本回收數			18 份	
競爭力 (20%)	項目	基礎條件	財政條件	投資條件	經濟條件	就業條件	加權平均	
	分數	91.45	92.54	62.76	83.33	82.74	79.26	
	排名	4	10	32	14	8	16	
投資環境 (30%)	項目	自然環境	基礎建設	公共設施	社會環境	法制環境	經濟環境	經營環境	加權平均
	分數	3.09	3.26	3.17	3.07	3.09	2.93	3.03	3.09
	排名	82	32	45	58	39	63	70	41
投資風險 (30%)	項目	社會風險	法治風險	經濟風險	經營風險	加權平均
	分數	2.63	2.84	2.84	2.85	2.82
	排名	40	49	46	53	33
台商推薦 (20%)	2004 年推薦等級		分數	3.33	2003 推薦等級		分數	3.30
	勉予推薦		排名	29	-		排名	-

城市名稱		上海郊區		綜合指標與排名(分／名)			51.70／38	
人口數		萬人		平均工資			元	
外資投資金額		萬美元		台商樣本回收數			17 份	
競爭力 (20%)	項目	基礎條件	財政條件	投資條件	經濟條件	就業條件	加權平均	
	分數	93.20	100	99.71	98.90	96.78	98.42	
	排名	2	1	1	1	3	1	
投資環境 (30%)	項目	自然環境	基礎建設	公共設施	社會環境	法制環境	經濟環境	經營環境	加權平均
	分數	3.38	3.42	3.46	3.29	3.07	3.33	3.15	3.25
	排名	43	20	12	33	43	20	53	23
投資風險 (30%)	項目	社會風險	法治風險	經濟風險	經營風險	加權平均
	分數	2.76	3.00	3.11	2.92	2.97
	排名	58	69	78	63	51
台商推薦 (20%)	2004 年推薦等級		分數	3.17	2003 推薦等級		分數	3.50
	勉予推薦		排名	40	值得推薦		排名	13

《蘇州吳江、武漢、上海郊區》

城市名稱	無錫市區				綜合指標與排名(分／名)			49.79／39	
人口數	438.58 萬人				平均工資			15,796 元	
外資投資金額	108,240 萬美元				台商樣本回收數			24 份	
競爭力 (20%)	項目	基礎條件	財政條件	投資條件	經濟條件	就業條件		加權平均	
	分數	60.96	87.72	78.87	92.98	69.00		81.16	
	排名	31	15	18	6	31		15	
投資環境 (30%)	項目	自然環境	基礎建設	公共設施	社會環境	法制環境	經濟環境	經營環境	加權平均
	分數	3.33	3.11	3.11	3.24	3.00	3.08	3.28	3.12
	排名	54	58	51	38	50	48	37	35
投資風險 (30%)	項目	社會風險	法治風險		經濟風險	經營風險		加權平均	
	分數	2.78	2.95		2.91	2.89		2.90	
	排名	61	60		57	61		41	
台商推薦 (20%)	2004 年推薦等級		分數	3.25	2003 推薦等級		分數		3.78
	勉予推薦		排名	34	極力推薦		排名		2

城市名稱	杭州市區				綜合指標與排名(分／名)			46.47／40	
人口數	636.81 萬人				平均工資			21,417.64 元	
外資投資金額	52,186 萬美元				台商樣本回收數			16 份	
競爭力 (20%)	項目	基礎條件	財政條件	投資條件	經濟條件	就業條件		加權平均	
	分數	84.87	93.42	87.34	91.66	81.87		88.48	
	排名	9	8	10	8	9		7	
投資環境 (30%)	項目	自然環境	基礎建設	公共設施	社會環境	法制環境	經濟環境	經營環境	加權平均
	分數	3.29	3.02	2.92	2.90	2.92	2.98	3.04	2.98
	排名	59	68	72	70	62	58	69	49
投資風險 (30%)	項目	社會風險	法治風險		經濟風險	經營風險		加權平均	
	分數	2.72	2.77		2.83	2.71		2.7	
	排名	48	42		45	33		23	
台商推薦 (20%)	2004 年推薦等級		分數	2.71	2003 推薦等級		分數		3.47
	勉予推薦		排名	60	極力推薦		排名		17

城市名稱	桂林				綜合指標與排名(分／名)			44.80／41	
人口數	487.62 萬人				平均工資			11,409.61 元	
外資投資金額	10,160 萬美元				台商樣本回收數			15 份	
競爭力 (20%)	項目	基礎條件	財政條件	投資條件	經濟條件	就業條件		加權平均	
	分數	41	43.42	30.64	22.15	35.38		31.75	
	排名	78	62	81	93	78		84	
投資環境 (30%)	項目	自然環境	基礎建設	公共設施	社會環境	法制環境	經濟環境	經營環境	加權平均
	分數	3.3	3.03	3.34	3.24	3.11	3.23	3.33	3.25
	排名	57	67	22	37	40	21	29	23
投資風險 (30%)	項目	社會風險	法治風險		經濟風險	經營風險		加權平均	
	分數	2.67	3.04		3.01	2.84		2.87	
	排名	43	75		71	55		36	
台商推薦 (20%)	2004 年推薦等級		分數	3.15	2003 推薦等級		分數		4.50
	勉予推薦		排名	43	-		排名		-

《無錫市區、杭州市區、桂林》

城市名稱		北京郊區		綜合指標與排名(分／名)			43.58／42			
人口數			萬人		平均工資			元		
外資投資金額			萬美元		台商樣本回收數			15 份		
競爭力 (20%)	項目	基礎條件		財政條件		投資條件	經濟條件	就業條件		加權平均
	分數	97.15		99.12		99.35	94.51	98.83		97.57
	排名	1		2		2	5	1		2
投資環境 (30%)	項目	自然環境	基礎建設	公共設施	社會環境	法制環境	經濟環境		經營環境	加權平均
	分數	3.29	3.18	3.2	3.06	2.89	3.12		3.06	3.03
	排名	60	47	36	58	70	44		68	47
投資風險 (30%)	項目	社會風險		法治風險		經濟風險		經營風險		加權平均
	分數	2.92		3.11		3.11		2.99		2.95
	排名	73		80		78		70		47
台商推薦 (20%)	2004 年推薦等級		分數	3.17	2003 推薦等級		分數		-	
	勉予推薦		排名	40	-		排名		-	

城市名稱		深圳龍崗		綜合指標與排名(分／名)			42.04／43			
人口數			萬人		平均工資			元		
外資投資金額			萬美元		台商樣本回收數			25 份		
競爭力 (20%)	項目	基礎條件		財政條件		投資條件	經濟條件	就業條件		加權平均
	分數	60.30		97.80		96.95	98.24	96.78		93.77
	排名	32		3		3	2	2		5
投資環境 (30%)	項目	自然環境	基礎建設	公共設施	社會環境	法制環境	經濟環境		經營環境	加權平均
	分數	3.36	3.03	2.87	2.73	2.81	2.91		2.98	2.91
	排名	48	65	78	80	75	68		75	57
投資風險 (30%)	項目	社會風險		法治風險		經濟風險		經營風險		加權平均
	分數	2.90		2.82		2.98		2.86		2.87
	排名	73		46		69		57		36
台商推薦 (20%)	2004 年推薦等級		分數	3.13	2003 推薦等級		分數		2.96	
	勉予推薦		排名	46	值得推薦		排名		43	

城市名稱		深圳寶安		綜合指標與排名(分／名)			40／44			
人口數			萬人		平均工資			元		
外資投資金額			萬美元		台商樣本回收數			36 份		
競爭力 (20%)	項目	基礎條件		財政條件		投資條件	經濟條件	就業條件		加權平均
	分數	60.30		97.80		96.95	98.24	96.78		93.77
	排名	32		3		3	2	2		5
投資環境 (30%)	項目	自然環境	基礎建設	公共設施	社會環境	法制環境	經濟環境		經營環境	加權平均
	分數	3.30	3.06	2.92	2.81	2.77	2.94		3.06	2.93
	排名	57	61	69	72	80	61		68	56
投資風險 (30%)	項目	社會風險		法治風險		經濟風險		經營風險		加權平均
	分數	2.89		2.91		3.00		2.85		2.91
	排名	70		56		70		56		44
台商推薦 (20%)	2004 年推薦等級		分數	3.17	2003 推薦等級		分數		3.00	
	勉予推薦		排名	40	勉予推薦		排名		41	

《北京郊區、深圳龍崗、深圳寶安》

城市名稱		上海嘉定		綜合指標與排名(分/名)			38.89／45	
人口數		萬人		平均工資			元	
外資投資金額		萬美元		台商樣本回收數			16 份	
競爭力 (20%)	項目	基礎條件	財政條件	投資條件	經濟條件	就業條件		加權平均
	分數	93.20	100	99.71	98.90	96.78		98.42
	排名	2	1	1	1	3		1
投資環境 (30%)	項目	自然環境	基礎建設	公共設施	社會環境	法制環境	經濟環境	經營環境	加權平均
	分數	3.18	3.43	3.27	3.11	2.87	2.96	3.08	3.08
	排名	74	19	30	55	71	59	66	43
投資風險 (30%)	項目	社會風險	法治風險	經濟風險	經營風險			加權平均
	分數	2.92	3.08	3.15	3.04			3.06
	排名	76	78	81	75			57
台商推薦 (20%)	2004 年推薦等級		分數	3.07	2003 推薦等級		分數	3.22
	勉予推薦		排名	47	值得推薦		排名	27

城市名稱		南寧		綜合指標與排名(分/名)			38.88／45	
人口數		297.71 萬人		平均工資			12,130.72 元	
外資投資金額		13,154 萬美元		台商樣本回收數			15 份	
競爭力 (20%)	項目	基礎條件	財政條件	投資條件	經濟條件	就業條件		加權平均
	分數	57.23	64.47	51.27	32.67	62.28		49.92
	排名	39	42	49	82	34		57
投資環境 (30%)	項目	自然環境	基礎建設	公共設施	社會環境	法制環境	經濟環境	經營環境	加權平均
	分數	3.22	3.06	2.95	3.07	3	2.98	3.19	3.12
	排名	68	61	64	58	48	58	49	35
投資風險 (30%)	項目	社會風險	法治風險	經濟風險	經營風險			加權平均
	分數	2.69	2.96	2.99	2.94			2.89
	排名	45	61	70	67			39
台商推薦 (20%)	2004 年推薦等級		分數	3	2003 推薦等級		分數	3.06
	勉予推薦		排名	51	勉予推薦		排名	39

城市名稱		東莞石碣		綜合指標與排名(分/名)			37.14／47	
人口數		萬人		平均工資			元	
外資投資金額		萬美元		台商樣本回收數			32 份	
競爭力 (20%)	項目	基礎條件	財政條件	投資條件	經濟條件	就業條件		加權平均
	分數	43.42	83.33	68.42	80.04	52.34		69.23
	排名	71	19	27	16	53		37
投資環境 (30%)	項目	自然環境	基礎建設	公共設施	社會環境	法制環境	經濟環境	經營環境	加權平均
	分數	3.28	3.05	2.92	2.79	2.90	2.82	3.20	2.97
	排名	60	62	70	74	69	73	48	50
投資風險 (30%)	項目	社會風險	法治風險	經濟風險	經營風險			加權平均
	分數	2.71	2.99	2.85	2.87			2.89
	排名	47	68	47	59			39
台商推薦 (20%)	2004 年推薦等級		分數	3.00	2003 推薦等級		分數	2.58
	勉予推薦		排名	51	暫不推薦		排名	53

《上海嘉定、南寧、東莞石碣》

城市名稱		昆明		綜合指標與排名(分／名)			36.16／48	
人口數		494.81 萬人		平均工資			13,153.99 元	
外資投資金額		3,703 萬美元		台商樣本回收數			17 份	
競爭力 (20%)	項目	基礎條件	財政條件	投資條件	經濟條件	就業條件	加權平均	
	分數	73.90	80.70	58.92	63.38	76.02	67.59	
	排名	20	23	40	42	18	28	
投資環境 (30%)	項目	自然環境	基礎建設	公共設施	社會環境	法制環境	經濟環境	經營環境	加權平均
	分數	3.08	3.16	3.15	3.06	2.99	3.03	3.12	3.07
	排名	79	47	43	58	54	51	49	45
投資風險 (30%)	項目	社會風險		法治風險		經濟風險		經營風險	加權平均
	分數	2.96		3.03		3.04		2.82	2.95
	排名	77		69		72		41	47
台商推薦 (20%)	2004 年推薦等級		分數	3.06	2003 推薦等級		分數	2.83
	勉予推薦		排名	48	-		排名	-

城市名稱		廣州市區		綜合指標與排名(分／名)			34.72／49	
人口數		720.62 萬人		平均工資			26,219 元	
外資投資金額		3,003.28 萬美元		台商樣本回收數			39 份	
競爭力 (20%)	項目	基礎條件	財政條件	投資條件	經濟條件	就業條件	加權平均	
	分數	92.54	97.80	93.40	97.36	96.19	95.58	
	排名	3	3	5	3	4	3	
投資環境 (30%)	項目	自然環境	基礎建設	公共設施	社會環境	法制環境	經濟環境	經營環境	加權平均
	分數	3.38	3.02	3.08	2.94	2.85	3.02	3.14	2.96
	排名	44	69	55	69	73	52	59	51
投資風險 (30%)	項目	社會風險		法治風險		經濟風險		經營風險	加權平均
	分數	2.90		3.01		2.98		3.04	2.97
	排名	74		72		66		76	51
台商推薦 (20%)	2004 年推薦等級		分數	2.96	2003 推薦等級		分數	2.95
	勉予推薦		排名	54	值得推薦		排名	44

城市名稱		東莞其它		綜合指標與排名(分／名)			34.46／50	
人口數		萬人		平均工資			元	
外資投資金額		萬美元		台商樣本回收數			46 份	
競爭力 (20%)	項目	基礎條件	財政條件	投資條件	經濟條件	就業條件	加權平均	
	分數	43.42	83.33	68.42	80.04	52.34	69.23	
	排名	71	19	27	16	53	27	
投資環境 (30%)	項目	自然環境	基礎建設	公共設施	社會環境	法制環境	經濟環境	經營環境	加權平均
	分數	3.23	3.03	2.86	2.78	2.91	2.89	3.02	2.94
	排名	66	66	80	76	65	70	72	54
投資風險 (30%)	項目	社會風險		法治風險		經濟風險		經營風險	加權平均
	分數	2.91		2.94		2.94		2.82	2.90
	排名	75		59		62		47	41
台商推薦 (20%)	2004 年推薦等級		分數	3.03	2003 推薦等級		分數	2.65
	暫不推薦		排名	50	暫不推薦		排名	50

《昆明、廣州市區、東莞其它》

城市名稱		深圳郊區		綜合指標與排名(分／名)			34.07／51	
人口數			萬人	平均工資			元	
外資投資金額			萬美元	台商樣本回收數			25 份	
競爭力 (20%)	項目	基礎條件	財政條件	投資條件	經濟條件	就業條件	加權平均	
	分數	60.30	97.80	96.95	98.24	96.78	93.77	
	排名	32	3	3	2	2	5	
投資環境 (30%)	項目	自然環境	基礎建設	公共設施	社會環境	法制環境	經濟環境	經營環境	加權平均
	分數	3.19	2.96	2.97	2.79	2.91	2.80	3.13	2.94
	排名	73	77	65	75	66	74	60	54
投資風險 (30%)	項目	社會風險	法治風險	經濟風險	經營風險	加權平均			
	分數	2.89	2.98	3.08	3.03	3.01			
	排名	69	65	74	74	53			
台商推薦 (20%)	2004 年推薦等級		分數	3.04	2003 推薦等級		分數	3.13
	暫不推薦		排名	49	勉予推薦		排名	41

城市名稱		佛山		綜合指標與排名(分／名)			33.82／52	
人口數			338.98 萬人	平均工資			15,871.52 元	
外資投資金額			98,355 萬美元	台商樣本回收數			16 份	
競爭力 (20%)	項目	基礎條件	財政條件	投資條件	經濟條件	就業條件	加權平均	
	分數	59.43	90.35	63.48	87.93	69.88	75.40	
	排名	33	12	30	10	28	20	
投資環境 (30%)	項目	自然環境	基礎建設	公共設施	社會環境	法制環境	經濟環境	經營環境	加權平均
	分數	3.34	2.96	3.09	3.09	2.96	3.15	3.29	3.07
	排名	48	75	55	54	56	46	43	45
投資風險 (30%)	項目	社會風險	法治風險	經濟風險	經營風險	加權平均			
	分數	2.96	3.11	2.84	3.19	3.07			
	排名	73	74	68	66	58			
台商推薦 (20%)	2004 年推薦等級		分數	3.15	2003 推薦等級		分數	3.08
	暫不推薦		排名	43	暫不推薦		排名	38

城市名稱		長沙		綜合指標與排名(分／名)			33.68／53	
人口數			595.46 萬人	平均工資			14,341.93 元	
外資投資金額			32,775 萬美元	台商樣本回收數			16 份	
競爭力 (20%)	項目	基礎條件	財政條件	投資條件	經濟條件	就業條件	加權平均	
	分數	75.21	75	73.88	61.62	71.05	70.08	
	排名	19	29	22	46	27	26	
投資環境 (30%)	項目	自然環境	基礎建設	公共設施	社會環境	法制環境	經濟環境	經營環境	加權平均
	分數	3.16	3.02	2.99	3.01	2.94	2.82	3.12	2.99
	排名	75	68	62	61	58	73	59	48
投資風險 (30%)	項目	社會風險	法治風險	經濟風險	經營風險	加權平均			
	分數	2.86	3.12	3	2.91	2.94			
	排名	63	81	70	62	46			
台商推薦 (20%)	2004 年推薦等級		分數	2.87	2003 推薦等級		分數	-
	暫不推薦		排名	56	-		排名	-

《深圳郊區、佛山、長沙》

城市名稱	福州市區		綜合指標與排名(分／名)		33.30／54	
人口數	597.53 萬人		平均工資		14,045.32 元	
外資投資金額	109,817 萬美元		台商樣本回收數		18 份	

競爭力 (20%)	項目	基礎條件	財政條件	投資條件	經濟條件	就業條件	加權平均
	分數	68.85	77.63	72.39	76.31	72.51	74.02
	排名	23	27	24	23	24	22

投資環境 (30%)	項目	自然環境	基礎建設	公共設施	社會環境	法制環境	經濟環境	經營環境	加權平均
	分數	3.12	3.12	2.72	2.49	2.69	2.89	2.96	2.83
	排名	77	49	83	86	80	70	72	59

投資風險 (30%)	項目	社會風險	法治風險	經濟風險	經營風險	加權平均
	分數	2.61	2.87	2.97	2.84	2.85
	排名	42	38	56	54	35

台商推薦 (20%)	2004 年推薦等級	分數	2.77	2003 推薦等級	分數	3.29
	勉予推薦	排名	58	值得推薦	排名	24

城市名稱	河源		綜合指標與排名(分／名)		32.79／55	
人口數	331.73 萬人		平均工資		10,225.02 元	
外資投資金額	13,291 萬美元		台商樣本回收數		18 份	

競爭力 (20%)	項目	基礎條件	財政條件	投資條件	經濟條件	就業條件	加權平均
	分數	16.66	1.75	23.49	2.85	12.86	11.76
	排名	108	114	93	114	113	112

投資環境 (30%)	項目	自然環境	基礎建設	公共設施	社會環境	法制環境	經濟環境	經營環境	加權平均
	分數	3.03	3.11	3.14	3.00	3.05	3.22	3.09	3.09
	排名	85	57	48	62	47	29	64	41

投資風險 (30%)	項目	社會風險	法治風險	經濟風險	經營風險	加權平均
	分數	2.90	2.85	2.78	3.01	2.90
	排名	72	51	41	72	41

台商推薦 (20%)	2004 年推薦等級	分數	3.21	2003 推薦等級	分數	-
	暫不推薦	排名	37	-	排名	-

城市名稱	東莞長安		綜合指標與排名(分／名)		31.25／56	
人口數	萬人		平均工資		元	
外資投資金額	萬美元		台商樣本回收數		55 份	

競爭力 (20%)	項目	基礎條件	財政條件	投資條件	經濟條件	就業條件	加權平均
	分數	43.42	83.33	68.42	80.04	52.34	69.23
	排名	71	19	27	16	53	37

投資環境 (30%)	項目	自然環境	基礎建設	公共設施	社會環境	法制環境	經濟環境	經營環境	加權平均
	分數	3.17	3.03	3.05	3.06	3.1	3.17	3.1	3.10
	排名	73	67	56	58	46	39	60	40

投資風險 (30%)	項目	社會風險	法治風險	經濟風險	經營風險	加權平均
	分數	3	3.12	3.07	2.99	3.05
	排名	83	81	73	70	55

台商推薦 (20%)	2004 年推薦等級	分數	2.62	2003 推薦等級	分數	2.76
	勉予推薦	排名	61	暫不推薦	排名	49

《福州市區、河源、東莞長安》

城市名稱		東莞清溪		綜合指標與排名(分／名)		30.25／57	
人口數		萬人		平均工資		元	
外資投資金額		萬美元		台商樣本回收數		21 份	

競爭力 (20%)	項目	基礎條件	財政條件	投資條件	經濟條件	就業條件	加權平均
	分數	43.42	83.33	68.42	80.04	52.34	69.23
	排名	71	19	27	16	53	27

投資環境 (30%)	項目	自然環境	基礎建設	公共設施	社會環境	法制環境	經濟環境	經營環境	加權平均
	分數	3.25	3.08	2.93	2.77	2.98	2.85	2.99	2.96
	排名	60	60	71	77	53	71	74	51

投資風險 (30%)	項目	社會風險	法治風險	經濟風險	經營風險	加權平均
	分數	3.24	3.09	3.08	3.06	3.09
	排名	84	78	71	72	60

台商推薦 (20%)	2004 年推薦等級		分數	3.21	2003 推薦等級		分數	3.05
	暫不推薦		排名	37	勉予推薦		排名	40

城市名稱		深圳市區		綜合指標與排名(分／名)		29.67／58	
人口數		139.45 萬人		平均工資		28,218 元	
外資投資金額 ·		196.100 萬美元		台商樣本回收數		152 份	

競爭力 (20%)	項目	基礎條件	財政條件	投資條件	經濟條件	就業條件	加權平均
	分數	60.30	97.80	96.95	98.24	96.78	93.77
	排名	32	3	3	2	2	5

投資環境 (30%)	項目	自然環境	基礎建設	公共設施	社會環境	法制環境	經濟環境	經營環境	加權平均
	分數	3.29	3.10	3.00	2.84	2.78	2.90	3.15	2.96
	排名	58	59	59	71	79	69	58	51

投資風險 (30%)	項目	社會風險	法治風險	經濟風險	經營風險	加權平均
	分數	2.95	3.18	3.14	3.07	3.11
	排名	79	85	80	78	61

台商推薦 (20%)	2004 年推薦等級		分數	2.96	2003 推薦等級		分數	2.90
	暫不推薦		排名	54	勉予推薦		排名	46

城市名稱		惠州		綜合指標與排名(分／名)		24.68／59	
人口數		283.02 萬人		平均工資		11,317.14 元	
外資投資金額		108,208 萬美元		台商樣本回收數		15 份	

競爭力 (20%)	項目	基礎條件	財政條件	投資條件	經濟條件	就業條件	加權平均
	分數	27.19	38.59	52.68	59.64	61.40	51.41
	排名	101	71	46	48	38	55

投資環境 (30%)	項目	自然環境	基礎建設	公共設施	社會環境	法制環境	經濟環境	經營環境	加權平均
	分數	3.27	3.04	2.88	2.75	2.75	2.78	3.09	2.89
	排名	62	64	77	78	81	76	65	58

投資風險 (30%)	項目	社會風險	法治風險	經濟風險	經營風險	加權平均
	分數	2.88	2.98	2.88	2.97	2.95
	排名	64	66	53	69	47

台商推薦 (20%)	2004 年推薦等級		分數	2.89	2003 推薦等級		分數	3.13
	暫不推薦		排名	55	值得推薦		排名	35

《東莞清溪、深圳市區、惠州》

城市名稱	東莞市區		綜合指標與排名(分／名)			21.95／60	
人口數	156.19 萬人		平均工資			17,804 元	
外資投資金額	108,737 萬美元		台商樣本回收數			245 份	
競爭力 (20%)	項目	基礎條件	財政條件	投資條件	經濟條件	就業條件	加權平均
	分數	43.42	83.33	68.42	80.04	52.34	69.23
	排名	71	19	27	16	53	27
投資環境 (30%)	項目	自然環境	基礎建設	公共設施	社會環境	法制環境	經濟環境	經營環境	加權平均
	分數	3.38	2.89	2.56	2.60	2.65	2.74	2.89	2.76
	排名	42	80	89	86	83	78	77	62
投資風險 (30%)	項目	社會風險	法治風險	經濟風險	經營風險	加權平均
	分數	3.03	3.10	3.04	3.02	3.05
	排名	84	79	72	73	55
台商推薦 (20%)	2004 年推薦等級		分數	2.79	2003 推薦等級		分數	2.95
	暫不推薦		排名	57	暫不推薦		排名	45

城市名稱	東莞虎門		綜合指標與排名(分／名)			22.27／61	
人口數	萬人		平均工資			元	
外資投資金額	萬美元		台商樣本回收數			21 份	
競爭力 (20%)	項目	基礎條件	財政條件	投資條件	經濟條件	就業條件	加權平均
	分數	43.42	83.33	68.42	80.04	52.34	69.23
	排名	71	19	27	16	53	37
投資環境 (30%)	項目	自然環境	基礎建設	公共設施	社會環境	法制環境	經濟環境	經營環境	加權平均
	分數	3.21	3.02	2.93	2.70	2.54	2.83	3.00	2.81
	排名	70	70	68	82	89	71	74	60
投資風險 (30%)	項目	社會風險	法治風險	經濟風險	經營風險	加權平均
	分數	3.07	3.01	3.07	3.00	3.02
	排名	85	73	73	70	54
台商推薦 (20%)	2004 年推薦等級		分數	2.55	2003 推薦等級		分數	2.83
	暫不推薦		排名	62	勉予推薦		排名	48

城市名稱	東莞樟木頭		綜合指標與排名(分／名)			20.39／62	
人口數	萬人		平均工資			元	
外資投資金額	萬美元		台商樣本回收數			19 份	
競爭力 (20%)	項目	基礎條件	財政條件	投資條件	經濟條件	就業條件	加權平均
	分數	43.42	83.33	68.42	80.04	52.34	69.23
	排名	71	19	27	16	53	37
投資環境 (30%)	項目	自然環境	基礎建設	公共設施	社會環境	法制環境	經濟環境	經營環境	加權平均
	分數	3.22	2.78	2.62	2.52	2.81	2.56	3.01	2.77
	排名	67	85	87	89	77	86	73	61
投資風險 (30%)	項目	社會風險	法治風險	經濟風險	經營風險	加權平均
	分數	2.93	3.07	3.08	3.12	3.08
	排名	77	77	75	80	59
台商推薦 (20%)	2004 年推薦等級		分數	2.72	2003 推薦等級		分數	3.47
	暫不推薦		排名	59	-		排名	-

《東莞市區、東莞虎門、東莞樟木頭》

城市名稱		泉州		綜合指標與排名(分／名)			14.50／63	
人口數		659.03 萬人		平均工資			12,149.95 元	
外資投資金額		98,042 萬美元		台商樣本回收數			16 份	
競爭力 (20%)	項目	基礎條件	財政條件	投資條件	經濟條件	就業條件	加權平均	
	分數	44.29	46.93	62.36	75.44	61.40	62.02	
	排名	68	60	35	25	38	35	
投資環境 (30%)	項目	自然環境	基礎建設	公共設施	社會環境	法制環境	經濟環境	經營環境	加權平均
	分數	3.01	2.83	2.79	2.69	2.53	2.62	2.80	2.70
	排名	86	83	82	83	90	83	83	63
投資風險 (30%)	項目	社會風險	法治風險	經濟風險	經營風險	加權平均	
	分數	2.97	3.19	3.16	3.20	3.17	
	排名	80	86	82	86	63	
台商推薦 (20%)	2004 年推薦等級		分數	2.53	2003 推薦等級		分數	2.64
	暫不推薦		排名	63	暫不推薦		排名	52

城市名稱		保定		綜合指標與排名(分／名)			11.78／64	
人口數		1,070.13 萬人		平均工資			9,695.29 元	
外資投資金額		8,973 萬美元		台商樣本回收數			21 份	
競爭力 (20%)	項目	基礎條件	財政條件	投資條件	經濟條件	就業條件	加權平均	
	分數	56.79	40.79	59.07	51.97	35.38	50.42	
	排名	40	67	39	52	77	56	
投資環境 (30%)	項目	自然環境	基礎建設	公共設施	社會環境	法制環境	經濟環境	經營環境	加權平均
	分數	3.09	2.86	2.70	2.60	2.56	2.61	2.86	2.70
	排名	81	82	85	85	88	84	79	63
投資風險 (30%)	項目	社會風險	法治風險	經濟風險	經營風險	加權平均	
	分數	3.00	3.17	3.24	3.17	3.17	
	排名	81	83	86	85	63	
台商推薦 (20%)	2004 年推薦等級		分數	2.48	2003 推薦等級		分數	3.70
	暫不推薦		排名	64	-		排名	-

城市名稱		泰州		綜合指標與排名(分／名)			7.71／65	
人口數		504 萬人		平均工資			10,057.54 元	
外資投資金額		18,060 萬美元		台商樣本回收數			15 份	
競爭力 (20%)	項目	基礎條件	財政條件	投資條件	經濟條件	就業條件	加權平均	
	分數	34.21	42.54	32.13	48.68	30.11	38.56	
	排名	89	63	79	58	88	72	
投資環境 (30%)	項目	自然環境	基礎建設	公共設施	社會環境	法制環境	經濟環境	經營環境	加權平均
	分數	3.01	2.06	2.76	2.54	2.27	2.29	1.94	2.31
	排名	87	93	83	88	93	93	92	65
投資風險 (30%)	項目	社會風險	法治風險	經濟風險	經營風險	加權平均	
	分數	4.26	4.08	3.48	3.56	3.80	
	排名	90	95	91	93	65	
台商推薦 (20%)	2004 年推薦等級		分數	1.88	2003 推薦等級		分數	1.00
	暫不推薦		排名	65	暫不推薦		排名	54

《泉州、保定、泰州》

20 台資企業協會名錄

台資企業協會 大陸公司名稱	現任 會長	協會電話 公司電話	大陸協會會址 大陸公司地址
北京台資企業協會 北京寶樹堂藥公司	謝坤宗	10-65283956 10-80761576	北京市東城區大華路2號華城大廈301-1室100005 北京市昌平沙河小寨 102206
深圳台商協會 金順台藝品廠	鄭榮文	755-5111300-4 755-7060358	廣東省深圳市深南東路文華商廈B座8樓E.F4室518002 廣東省深圳市寶安區松崗鎮潭頭第三工業區
花都台資企業協會 彤林飾品企業公司	黃招雄	20-36898265 20-86846641	廣東省廣州市花都區新華鎮公益路35號民政局大樓2樓 廣東省花都獅嶺鎮第二工業區
海南台資企業協會 鐘堡木業有限公司	江富財	898-65852930 898-65710175	海南省海口市新大洲大道海南台協會館570005 海南省瓊山市桂林洋工開發區571127
汕頭台資企業協會 汕頭澄海德爵公司	樊秦安	754-8365001-2 754-5743684-5	廣東省汕頭市龍湖區碧霞莊中區46幢海峽大廈5樓515041 廣東省汕頭澄海市蓮上鎮工業區
廣州台資企業協會 番禺創信鞋業公司	吳振昌	20-83887473 20-34930866	廣東省廣州市環市中路300號天秀大廈B座15AB 廣東省廣州市番禺區靈山鎮九比村511473
廈門台資企業協會 來明工業(廈門)公司	吳進忠	592-5569890 592-6216191-8	福建省廈門市仙岳路860號台商會館12層 福建省廈門市杏林區光明路6號
武漢台資企業協會 台銀房地產公司	余明進	27-85875631 27-83522416	湖北省武漢江漢經濟開發區常青路常寧里特1號4F 430023 湖北省武漢漢口常青路常寧里特一號 430023
珠海台資企業協會 信星鞋業團公司	陳正雄	756-8874021 756-8614306-8	廣東省珠海市拱北迎賓廣場六座602室 廣東省球市前山翠薇工業區
東莞台資企業協會 台昇傢俱有限公司	郭山輝	769-2488158 769-3352715	廣東省東莞市東城區東嶺東城大道渦嶺東順樓4樓523129 廣東省東莞市大嶺山鎮523830
莆田台資企業協會 笏立鞋業限公司	唐世明	594-2696919 594-5897255	福建省莆田市城廂區文獻路台商協會 福建省莆田市笏石鎮西徐村
中山台資企業協會 隆成集團(控股)公司	陳信興	760-8336877 760-3372800	廣東省中山市東區起灣道寶利大廈三樓A.B室 528403 廣東省中山市東昇鎮東港大道北段
長春台資企業協會	洪一夫	431-5217589	吉林省長春市萬寶街3號130021
惠州台資企業協會 家勝燈飾公司	楊平和	752-2390075 752-2292072	廣東省惠州市上排龍豐路33號 廣東省惠州市小金口鎮第二工業區
三亞台資企業協會	陳明哲	899-262288	海南省三亞市河西一路2號572000
天津台資企業協會 凱華房地產公司	丁鯤華	22-23332333 22-83850016	天津南開區津南路90號體育賓館218室300074 天津市和平區西康路72-74號24F 300070
重慶台資企業協會 大昌房屋開發公司	陳一笙	23-63798032 23-68634360	重慶市渝中區較場口"得意世界"A七12樓 400010 重慶市渝州路108號400041
上海台資企業協會 國福龍鳳食品公司	葉惠德	21-53083031 21-64803437	上海市北京東路668號西樓111室200001 上海市北京東路668號西樓111室200001

漳州台資企業協會 宏國電子有限公司	何希灝	596-2671688 596-8585168	福建省漳州市勝利東路外經貿廣場5樓(363000) 福建省雲宵縣宏華路51號
福州台資企業協會 福華紡織印染公司	陳建男	591-7527218 591-3624884	福建省福州市福新路239號吉翔雙子星大廈7F B1-B2 350011 福建省福州市福馬路福興工業區 350014
南寧台資企業協會 萬茂房地產公司	陳平和	771-2622381	廣西省南寧市朝陽路66號萬茂鑽石廣場19樓530012 廣西省南寧市朝陽路66號萬茂鑽石廣場19樓530012
桂林台資企業協會 陽朔山水旅遊公司	江文豪	773-2850388 773-8775664	廣西省桂林市矙馬山一號秀峰區依仁路29號541001 廣西省世外桃源景區:陽朔白沙五里店
佛山台資企業協會	王屏生	757-83355036	廣東省佛山市市東下路18號305室528000
泉州台資企業協會 武陵農業綜合公司	鄭建良	595-2275173 595-2185125	福建省泉州市溫陵北路漢唐天下翡翠樓二層362000 福建省泉州市九一路15號開源大廈6F 362000
成都台資企業協會 成都明昌建設公司	江枝田	28-85214138 760-6683756-7	四川省成都市科華北路60號(亞太廣場)610041 廣東省中山市新三鄉第二工業區皇冠路1號528463
寧波台資企業協會 華豐工藝品有限公司	涂介秋	574-88112600-8007 574-88023000	浙江省寧波市貿城東中路850號315104 浙江省寧波鄞縣集仕港鎮董家橋315171
蘇州台資企業協會 蘇州中化藥品公司	王勳輝	512-68094332 512-68250075	江蘇省蘇州新區獅山路金獅大廈F12C、G室215011 江蘇省蘇州市新區金山路80號 215011
清遠台資企業協會 獅子湖高爾夫俱樂部	姜金利	763-3363437 763-3556688	廣東省清遠市琶江二路政府公大樓436室511515 廣東省清遠市獅子湖山莊1號
肇慶台資企業協會 捷聲木業有限公司	何芳文	758-2875924 758-8392799	廣東省肇慶市端州八路睦崗鎮政府大樓5樓 526020 廣東省高要市南岸鎮南興四路
昆明台資企業協會 昆明新光大廈公司	李志銘	871-3528068 871-3528319	雲南省昆明市南窯站前東路新光商場後棟二樓(650011) 雲南省昆明市南窯站前東路新光商場前棟二樓(650011)
無錫台資企業協會 展陽金屬製品公司	孫佳鈞	510-8705108 510-8204175-6	江蘇省無錫市前西溪1之3號新大樓7樓214001 江蘇省無錫市錫山區二春路4號214101
保定台資企業協會 味群食品有限公司	王紀翔	312-3089708 312-2135029	河北省保定市東風西路2號12樓1213室071051 河北省保定市支農路589號
九江台資企業協會	張光華	792-8231349	江西省九江市長虹大道市府大樓1樓332000
瀋陽台資企業協會	張揚	24-23494180-2 24-2529960	遼寧省瀋陽市和平區南京北街30號(金苑華城)4-5-2(110002)
泰安台資企業協會	張深桓	538-6991313 538-6991698	山東省泰安市市政大樓A五14039號 山東省泰安市山口鎮台商工業區大升公司2樓271000
唐山台資企業協會 漢鼎亞太公司	李祖德	315-2821494	河北省唐山市西山道9號063007
鄭州台資企業協會	王任生	371-7446264 371-6236688	河南省鄭州市嵩山北路12號450052 河南省鄭州人民路2號
南通台資企業協會 南通新興熱電公司	徐羅生	513-5504885 513-5401578	江蘇省南通市人民中路153號(中南大廈11樓)226006 江蘇省南通港閘開發區濱江路88號
青島台資企業協會 英派斯健身器材司	朱瑜明	532-5815377 532-7867999	山東省青島市香港中路106號3樓310－312室266071 山東省青島市城陽區204路55號266109
蘭州台資企業協會 永泰豐食品公司	馬祖慰	931-8416011 931-9013271	甘肅省蘭州市雁兒灣路52號

石家莊台資企業協會	李進	311-7881080 311-7041439	河北省石家莊新華路159號憩園大廈1120室 河北省石家莊新開路74號050051
南京台資企業協會 六合新加坡金工業	章士金	25-84516789 25-87755341-2	江蘇省南京市中山南路239號白沙屯飯店3002房210005 江蘇省南京市六合縣延安北路47-51號211500
北海台資企業協會 科紅製革有限公司	施榮川	779-3050781 779-7283602	廣西省北海市長春路8號3樓 廣西省北海市合浦縣廉州鎮城南禁山536100
義烏台資企業協會 東方桂冠針紡公司	張吉雄	579-5558472 579-5314111-2	浙江省義烏市賓王路220號(322000) 浙江省義烏市貝村路251號
大連台資企業協會 宏橋信息企業集團	盧鐵吾	411-2581186 411-4685814	遼寧省大連市中山區五五路12號良運酒店1102室 遼寧省大連市沙河口區連山街123號技術樓B座8樓116023
杭州台資企業協會 杭州宜進紡織公司	詹正旺	571-87161107-9 571-86911109	浙江省杭州市平海路27#市總工會大樓501-504號310006 浙江省杭州經濟技術開發區14號大街17號310018
昆山台資企業協會 信益陶瓷中國有限公司	林榮德	512-57333628-9 512-57537755	江蘇省昆山市前進東路167號國際大廈9樓 江蘇省昆山市玉山經濟技術開發區冠軍路1號
南昌台資企業協會 翰林沉雙語學校	詹智勝	791-8181056 791-8183136	江西省南昌市南京東路688號330029 江西省南昌市南京東路688號330029
江門台資企業協會	樊邦楊	750-3520203	廣東省江門市華園中路15號2樓529000
濟南台資企業協會 聚大纖維有限公司	王克璋	531-8616870 531-8916045	山東省濟南市北園路26號250100 山東省濟南化纖廠路4-2號250100
河源台資企業協會	吳進龍	762-3393279	廣東省河源市文明路與大同路交匯處阿里山茶莊二樓517000
西安台資企業協會 樂昌彩印包裝公司	丁國庭	29-7407193 29-4512723	陝西省西安市710004解放路25號深業商城720室 河北省710086三河市三皇路168號
長沙台資企業協會 德京房地產公司	周昆鈺	731-4417060 731-4415303	湖南省長沙市中山路117號萬年大樓5樓410005 湖南省長沙市中山路117號萬年大樓5樓410005
揚州台資企業協會 欣欣食品有限公司	吳英頌	514-7880919 514-7208301	江蘇省揚州市文匯北路71號2樓225009 江蘇省揚州市二畔鋪1-1號225003
湛江台資企業協會 湛江保利水產公司	鄧偉民	759-3180329759 759-7712888	廣東省湛江市人民大道北32號湛江保齡球館內 廣東省湛江市人民南路18號華僑大廈1001室
溫州台資企業協會 泰慶皮革有限公司	張謙煌	577-88285555 577-86636645-9	浙江省溫州市溫州大廈1506室325000 浙江省溫州扶貧開發區325013
梧州台資企業協會 偉正石材有限公司	陳哲正	774-3839805 774-8531111	廣西省梧州市新興二路宋衝18號 廣西省岑溪市馬路鎮善村
煙台台資企業協會	江正平	535-6641771	山東省煙台市南大街118號
鎮江台資企業協會	曹正宗	511-4439075	江蘇省鎮江市正東路141號2號樓2層 212001
茂名台資企業協會	駱肇泰	668-2810526	廣東省茂名市人民南朝陽路1號 525000
吉林台資企業協會	鄭永森	432-2010410	吉林省吉林市北京路86號6號樓
泰州台資企業協會	徐源森	523-6888138	江蘇省泰州市海陵南路302號225309
陽江台資企業協會	張國揚	662-3357373	江蘇省陽江市江城區東風三路88號
威海台資企業協會 海龍王水產食品公司	李後健	631-5285776 631-7455098	山東省威海市海濱北路9號海港大廈1109室264200 山東省榮成市人和鎮院?海龍王路1號264306
張家界台資企業協會 黃石寨客運索道公司	張輔仁	744-8290351 744-5712589	湖南省張家界市三角坪台商大樓三樓 湖南省張家界國家森林公園 427401

合肥台資企業協會 花園置業(合肥)公司	譚壽榮	551-2673085 551-8991888	安徽省合肥市榮事達大道75號富康大廈A區9樓230001 安徽省合肥市桃花工業園合派路33號 427401
紹興台資企業協會 正裕化學有限公司	張文潭	575-5147279 575-2738899	浙江省紹興市人民中路寧靜巷58號 312000 浙江省上虞市杭州灣精細化工園區東緯三路
嘉興台資企業協會 東明實業有限公司	蔡清東	573-2078729 573-2203125	浙江省嘉興市中山西路311號5樓314001 浙江省嘉興市經濟開發區東方路314003
宜昌台資企業協會 宜昌新隆航運有限公司	陳建中	717-6510031 717-7839322	湖北省宜昌市雲集路21號 湖北省宜昌市夷陵區集錦路
常熟台資企業協會 揚宣電子有限公司	王勇鐸	512-51530738 512-52575500	江蘇省常熟市金沙江路18號開發大廈2樓 江蘇省常熟東南經濟開發區常昆工業區
襄樊台資企業協會 襄樊源文商務學校	周楚武	710-3254770 710-3255903	湖北省襄樊市春園路16號441003 湖北省襄樊市春園路16號441003
福清台資企業協會	廖進益	591-5238537	福建省福清市環北路總工會二樓
徐州台資企業協會	張冠中	516-3759326 516-705688	江蘇省徐州市彭城路商業區73號泛亞大廈902室221003
吳江台資企業協會 蘇州信捷電子有限公司	陳清海	512-63485785 512-64355210	江蘇省吳江市松陵鎮中山南路61號 江蘇省吳江市經濟技術開發松陵鎮柳胥路10號
鹽城台資企業協會	樓冠庭	515-8350426	江蘇省鹽城市建軍東路20號 224001
順德台資企業協會 天任車料有限公司	陳富洋	2765-5634778 2765-5638946	廣東省順德市勒流鎮連杜工業開發區 528300 廣東省順德市勒流鎮連杜工業開發區 528300
常州台資企業協會	吳家炎	519-8172106 519-5118988	江蘇省常州新區長江東路2號
江陰台資企業協會 江陰天福房產公司	廖松福	510-6806922 510-6407206	江蘇省江陰市澄江中路2號
鞍山台資企業協會	劉子聖	412-8558258	遼寧省鞍山市鐵西區千龍戶智慧園小區

經濟園區資料

大陸國家級保稅區 資料		
省份	經濟園區名稱	網 址
上海市	上海外高橋保稅區	www.china-ftz.com/index/logon.jser
天津市	天津港保稅區	www.tjftz.gov.cn
廣東省	汕頭保稅區	www.stftz.gov.cn
	廣州保稅區	www.getdd.com.cn
	珠海保稅區	www.zhfreetradezone.org
	深圳保稅區	www.szftz.gov.cn
福建省	廈門象嶼保稅區	www.shinyco.com
	福州保稅區	www.fzftz.gov.cn
海南省	海口保稅區	www.hkftz.gov.cn
遼寧省	大連保稅區	www.dlftz.gov.cn
山東省	青島保稅區	www.qdftz.com
江蘇省	張家港保稅區	www.zjgftz.gov.cn
浙江省	寧波保稅區	www.nftz.gov.cn

大陸國家級出口加工區 資料		
省份	經濟園區名稱	網 址
上海市	上海松江出口加工區	www.sjepz.com
	金橋出口加工區	www.goldenbridge.sh.cn
	上海青浦出口加工區	www.epz8118.com
	上海漕河涇出口加工區	
	上海閔行出口加工區	
天津市	天津出口加工區	www.teda.gov.cn/myfzj/ckjgq/index.jsp
北京市	北京天竺出口加工區	www.chinabaiz.com
重慶市	重慶出口加工區	www.cetz.com/test/ck.htm
廣東省	廣州出口加工區	www.getdd.com.cn
	深圳出口加工區	www.szgiz.gov.cn/epz/cn/index.htm
福建省	廈門出口加工區	www.amoyepz.com
遼寧省	大連出口加工區	www.dlftz.gov.cn
	瀋陽出口加工區	
山東省	煙台出口加工區	www.yantaiepz.gov.cn
	威海出口加工區	www.whckjgq.51.net
	濟南出口加工區	www.jck.webtea.com.cn
	青島出口加工區	www.qdepz.com
江蘇省	昆山出口加工區	www.ketd.gov.cn/kfqzf/ckjgq/index.asp
	蘇州工業園區出口加工區	www.sipac.gov.cn/cgi-bin/odb-get.exe
	無錫出口加工區	www.wnd.gov.cn/wnd_2002/htdocs/html/ yuanqu/yiqu/chukou-1.htm
	南通出口加工區	www.netda.com
	南京出口加工區	

省份	經濟園區名稱	網址
江蘇省	鎮江出口加工區	www.zjepz.com
	連雲港出口加工區	www.invest.ldz.gov.cn/area_02.asp
	蘇州高新區出口加工區	www.epz.snd.gov.cn
浙江省	杭州出口加工區	www.hetz.gov.cn/chinese/ckjgq/tzys.asp
	寧波出口加工區	www.nftz.gov.cn
	嘉興出口加工區	www.jxepz.gov.cn
湖北省	武漢出口加工區	www.wedz.com.cn/kfqgk04.htm
四川省	成都出口加工區	www.scepz.gov.cn
吉林省	琿春出口加工區	www.hcexport.com
河南省	鄭州出口加工區	www.zz-economy.gov.cn/new/gb/quqing/ckjg.htm
安徽省	蕪湖出口加工區	www.weda.gov.cn:8080/tzzn.htm
河北省	秦皇島出口加工區	www.qetdz.com.cn
陝西省	西安出口加工區	www.xetdz.com.cn/jsp/index07_02.jsp
內蒙古	呼和浩特出口加工區	
廣　西	北海出口加工區	
新　疆	烏魯木齊出口加工區	www.uda.gov.cn/sdld_ckjgq/index.asp

大陸國家級高新技術產業開發區 資料		
省份	經濟園區名稱	網　　　址
上海市	張江高科技園區	www.zjpark.com
天津市	天津高新技術產業開發區	www.tjuda.com/htm/index.asp
北京市	中關村科技園區	www.zgc.gov.cn
重慶市	重慶高新技術產業開發區	www.hnzcq.com.cn
廣東省	珠海高新技術產業開發區	www.zhuhai-hitech.com/main.asp
	廣州高新技術產業開發區	www.getdd.com.cn/default.htm
	深圳市高新技術產業開發區	www.shipgov.net
	佛山高新技術產業開發區	www.fs-hitech.gov.cn
	中山火炬高新技術產業開發區	www.zstorch.gov.cn/index.asp
	惠州仲愷高新技術產業開發區	www.hzzk.cn
福建省	廈門火炬高新技術產業開發區	www.xmtorch.gov.cn
	福州市科技園區	www.fdz.com.cn/fzkjq.asp
遼寧省	瀋陽高新技術產業開發區	www.sygx.gov.cn
	鞍山高新技術產業開發區	www.asht-zone.gov.cn
	大連高新技術產業開發區	www.ddport.com
山東省	濟南高新技術產業開發區	www.jctp.gov.cn
	威海高新技術產業開發區	www.whtdz.com.cn
	濰坊高新技術產業開發區	www.wfgx.gov.cn
	淄博高新技術產業開發區	www.china-zibo.com
	青島高科技工業園	www.qdinvestment.com
江蘇省	南京高新技術產業開發區	www.njnhz.com.cn
	蘇州高新技術產業開發區	www.cs-snd.com.cn
	無錫高新技術產業開發區	www.wnd.gov.cn
	常州高新技術產業開發區	www.cznd.org.cn
浙江省	杭州高新技術產業開發區	www.hhtz.com
四川省	成都高新技術產業開發區	www.cdht.gov.cn
	綿陽高新技術產業開發區	www.myship.gov.cn
河北省	石家莊高新技術產業開發區	www.shidz.com

河北省	保定高新技術產業開發區	www.bd-ctp.net.cn
河南省	鄭州高新技術產業開發區	www.zzgx.gov.cn
	洛陽高新技術產業開發區	www.lhdz.gov.cn
陝西省	西安高新技術產業開發區	www.xdz.com.cn
	寶雞高新技術產業開發區	www.bj-hightech.com
黑龍江	哈爾濱高新技術產業開發區	www.kfq.gov.cn
	大慶高新技術產業開發區	www.dhp.gov.cn
廣　西	桂林高新技術產業開發區	www.guilin-ctp.net.cn
	南寧高新技術產業開發區	www.nnhitech.gov.cn
吉林省	吉林高新技術產業開發區	www.jlhitech.com
	長春高新技術產業開發區	www.chida.gov.cn
湖北省	武漢東湖高新科技園	www.elht.com
	襄樊高新技術產業開發區	www.xfhdz.org.cn
雲南省	昆明高新技術產業開發區	www.kmhnz.gov.cn/index.asp
湖南省	長沙高新技術產業開發區	www.cshtz.gov.cn
新　疆	烏魯木齊高新技術產業開發區	www.uctp.gov.cn/index.htm
內蒙古	包頭高新技術產業開發區	www.re-zone.gov.cn/cn/index.php
山西省	太原高新技術產業開發區	www.tyctp.com.cn
安徽省	合肥高新技術產業開發區	www.hefei-stip.com.cn
江西省	南昌高新技術產業開發區	www.nchdz.com
海南省	海口高新技術產業開發區	
貴州省	貴陽高新技術產業開發區	www.guz.cei.gov.cn/kfc/home.htm
甘肅省	蘭州高新技術產業開發區	www.lzhtp.gov.cn
	株州高新技術產業開發區	www.zzhitech.com
	楊凌農業高新技術產業區	www.ylagri.gov.cn

大陸國家級經濟技術開發區 資料		
省份	經濟園區名稱	網　　　　　　址
上海市	上海閔行經濟技術開發區	www.smudc.com
	上海虹橋經濟技術開發區	www.shudc.com
	上海漕河涇經濟技術開發區	www.e-caohejing.com
	上海浦東新區	www.pudong.gov.cn/gb/node2/node5
	上海陸家嘴金融貿易區	www.shld.com
天津市	天津經濟技術開發區	www.teda.gov.cn
北京市	北京經濟技術開發區	www.bda.gov.cn
重慶市	重慶經濟技術開發區	www.cetz.com
廣東省	廣州經濟技術開發區	www.getdd.gov.cn
	湛江經濟技術開發區	www.zetdz.gov.cn
	廣州南沙經濟技術開發區	www.gzns.gov.cn
	大亞灣經濟技術開發區	www.dayawan.gov.cn
福建省	福州經濟技術開發區	www.fdz.com.cn
	福清融僑經濟技術開發區	www.fqrq.doe2e.com
	東山經濟技術開發區	www.detdz.com
遼寧省	廈門海滄投資開發區	www.haicang.com
	大連經濟技術開發區	www.ddz.gov.cn
	營口經濟技術開發區	www.ykdz.gov.cn
	瀋陽經濟技術開發區	www.sydz.gov.cn

山東省	煙台經濟技術開發區	www.yeda.gov.cn
	青島經濟技術開發區	www.qdda.com
	威海經濟技術開發區	www.eweihai.net.cn
江蘇省	南通經濟技術開發區	www.netda.com
	連雲港經濟技術開發區	www.ldz.gov.cn
	昆山經濟技術開發區	www.ketd.gov.cn
	蘇州工業園區	www.sipac.gov.cn
	南京經濟技術開發區	www.njxg.com
浙江省	寧波經濟技術開發區	www.netd.com.cn
	溫州經濟技術開發區	www.wetdz.gov.cn
	杭州經濟技術開發區	www.heda.gov.cn
	蕭山經濟技術開發區	www.xetdz.com
	寧波大樹島經濟技術開發區	www.citic-daxie.com
四川省	成都經濟技術開發區	www.cdetdz.com
河北省	秦皇島經濟技術開發區	www.qetdz.com.cn
河南省	鄭州經濟技術開發區	www.zz-economy.gov.cn
安徽省	蕪湖經濟技術開發區	www.weda.gov.cn
	合肥經濟技術開發區	www.hetda.com
黑龍江	哈爾濱經濟技術開發區	www.kaifaqu.com.cn
吉林省	長春經濟技術開發區	www.cetdz.com.cn
湖北省	武漢經濟技術開發區	www.wedz.com.cn
新 疆	烏魯木齊經濟技術開發區	www.uda.gov.cn
	石河子經濟技術開發區	www.xjshz.com.cn/kfqsitel/index.htm
陝西省	西安經濟技術開發區	www.xetdz.com.cn
雲南省	昆明經濟技術開發區	www.ketdz.gov.cn
湖南省	長沙經濟技術開發區	www.csnetdz.gov.cn
貴州省	貴陽經濟技術開發區	www.geta.gov.cn
江西省	南昌經濟技術開發區	www.china-taiwan.com/tzzs/nanchang/index.htm
內蒙古	呼和浩特經濟技術開發區	www.hetdz.gov.cn
寧夏省	銀川經濟技術開發區	www.ycda.gov.cn
海南省	海南洋浦經濟開發區	www.yangpu.gov.cn
青海省	西寧經濟技術開發區	www.xnkfq.com/index.swf
山西省	太原經濟技術開發區	
西 藏	拉薩經濟技術開發區	
廣 西	南寧經濟技術開發區	www.neda.gxi.gov.cn
甘肅省	蘭州經濟技術開發區	www.lzeda.com

資料來源：大陸國家級開發區協會網站

兩力兩度見商機：2004年中國大陸地區投資環
境與風險調查／台灣區電機電子工業同業公
會著. -- 初版. -- 臺北市：商周編輯顧問，
2004〔民93〕
　　面；　公分.
ISBN 986-7877-12-8（平裝）
1. 經濟地理 — 中國大陸　2. 投資 — 中國大陸
552.2　　　　　　　　　　　　93014182

兩力兩度見商機

2004年中國大陸地區投資環境與風險調查

發 行 人	金惟純
社　　長	俞國定
副總編輯	孫碧卿
作　　者	台灣區電機電子工業同業公會
理 事 長	許勝雄
總 幹 事	鄭富雄
執 行 長	羅懷家
地　　址	台北市內湖區民權東路六段109號6樓
電　　話	（02）8792-6666
傳　　真	（02）8792-6137
文字編輯	詹錫東、孫景莉、蔡令權、田美雲、徐曉梅、黃佳慧 鍾碧芳、余靜雯、林育如、林貞慧、賴以玲、朱春玫
美術主編	白儀琪
美術編輯	李青滿、鄭偉榮
出　　版	商周編輯顧問股份有限公司
地　　址	台北市民生東路二段141號5樓
電　　話	（02）2505-6789
傳　　真	（02）2507-6773
劃　　撥	18963067
	商周編輯顧問股份有限公司
總 經 銷	農學股份有限公司

出版日期2004年9月初版1刷
定價500元